全国船舶工业职业教育教学指导委员会"十三五"规划教材

轮机热工

主　编　孙增华

副主编　王　斌　孙西臣

主　审　黄兴旺

哈尔滨工程大学出版社

Harbin Engineering University Press

内容简介

根据海船船员适任考试的要求，结合学生后续学习及船舶工作的需要，本书共分为七大项目，17个子任务，主要介绍了热力学的基本概念，热力学第一、第二定律，工质的热力性质并分析了空气压缩机、柴油机、燃气轮机、蒸汽轮机、制冷装置、空调的工作过程及其经济性，最后对传热学进行了简单介绍。本书将理论与船舶工作实际情况结合在一起，使学生真正做到学以致用，实现探究式学习。

本书为750 kW及以上的船舶二/三管轮的适任考试教材和高职院校轮机工程技术及相关专业的教材。

图书在版编目(CIP)数据

轮机热工/孙增华主编. —哈尔滨:哈尔滨工程大学出版社,2019.9

ISBN 978-7-5661-2465-4

Ⅰ.①轮…　Ⅱ.①孙…　Ⅲ.①船体结构-教材②船体设备-教材　Ⅳ.①U66

中国版本图书馆CIP数据核字(2019)第215211号

选题策划　史大伟　薛　力
责任编辑　张植朴　刘海霞
封面设计　李海波

出版发行　哈尔滨工程大学出版社
社　　址　哈尔滨市南岗区南通大街145号
邮政编码　150001
发行电话　0451-82519328
传　　真　0451-82519699
经　　销　新华书店
印　　刷　哈尔滨市石桥印务有限公司
开　　本　787 mm×1 092 mm　1/16
印　　张　7
字　　数　181千字
版　　次　2019年9月第1版
印　　次　2019年9月第1次印刷
定　　价　20.00元

http://www.hrbeupress.com
E-mail:heupress@hrbeu.edu.cn

船舶行指委“十三五”规划教材编委会

前　言

工程热力学与传热学一直是轮机工程技术专业的一门十分重要的专业基础课，是后续学习船舶主、辅机的基础，特别是2010年6月通过的《海员培训、发证和值班标准国际公约》(STCW)于2012年1月1日生效以后，该课程的内容正式进入了适任评估考试的考查范围，本书编委根据2012年《中华人民共和国海船船员适任考试大纲》，同时考虑学生的后续学习与工作，组织编写了本书。

本书主要适用于大专轮机工程技术及相关专业的学生。考虑到专业基础课教学主要是为今后专业课的教学服务，按照项目驱动、实境教学的要求，通过设置一系列的任务，将理论教学和船舶工作的实际有机的结合在一起，实现学生在做中学的要求，着力于提高学生的学习兴趣和学习主动性，使学生能够真正做到学以致用，实现探究式学习。

本书由孙增华主编，王斌和孙西臣参加编写工作，由黄兴旺担任主审。

由于编写时间仓促及编者水平有限，书中难免有错误和不当之处，恳请读者批评指正。

编　者

2019年3月

目　　录

项目1　工程热力学中的基本概念

学习目标：

1. 能简述工质的概念并指出典型设备中的工质；
2. 掌握热力学系统的相关概念及其分类方法，能根据要求在实际装置中划分系统；
3. 掌握热力学平衡态（稳态、均匀态）概念及判定方法；
4. 了解状态参数及状态方程的概念，会绘制状态参数坐标图；
5. 掌握常用的热力过程（准静态过程、可逆过程）的基本概念；
6. 掌握过程量（功、热量）的定义与计算方法。

任务1　了解蒸汽动力装置的工作原理及其过程

【任务描述】

蒸汽动力装置的基本结构如图1－1所示，燃料在锅炉的炉膛中燃烧，释放大量的热量，加热了锅炉中的水，使其温度升高并转换成水蒸气，高温、高压的水蒸气在汽轮机中膨胀做功，带动叶轮旋转进而带动发电机并输出电能，完成做功后的水蒸气经由冷凝器凝结成为液态水，被给水泵重新输送回锅炉以进行下次加热。

在这一过程中，能量是如何由燃料燃烧产生的热能转换为电能，又是如何由锅炉传递到发电机的？用工程热力学的语言如何描述这一过程？

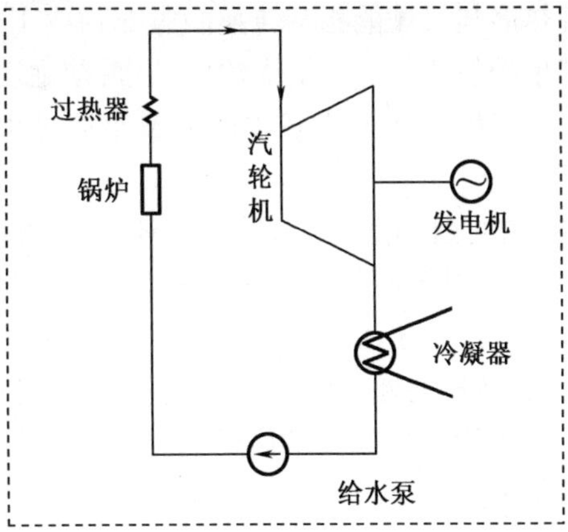

图1－1　蒸汽动力装置示意图

【基础知识】

一、工程热力学的研究对象、基础任务与研究方法

1. 工程热力学的研究对象

工程热力学是热力学的一个分支,它是从工程应用的角度研究热能与机械能之间相互转换的规律,并以提高能量有效利用为目的的学科。

凡是涉及热现象的过程、装置及系统都是工程热力学的研究对象。如上文中的蒸汽动力装置,由于它的作用是将热能转化为机械能,故其就属于工程热力学的研究对象。由于热现象广泛地存在于各种工程问题之中,因此工程热力学的应用范围伸展到许多工程技术领域:不但用于热机、制冷、热泵和空气分离等传统工程中,而且应用于宇宙航行、海水淡化、防止环境污染和新能源开发等技术领域中。目前,工程热力学已成为热能动力类各专业所必修的一门重要技术基础课程。

2. 工程热力学的基础任务

工程热力学的基础任务就是通过对各种用能设备、系统中能量转换过程及影响因素的研究,探索有效、合理地利用能量的技术途径和基础方法。

3. 工程热力学的研究方法

工程热力学采用的主要是宏观的方法,通过我们所能直接观察到的宏观的物理现象,如压力、温度、体积等的外在表现和吸热、放热、膨胀、压缩等整体行为,总结出有关热现象的基本规律,推导出能量之间的转换关系及其他一些重要结论。研究中虽不涉及物质的内部结构和微观粒子的运动,但必要时也要利用微观理论的某些结论,来分析和解释宏观热现象的物理本质。

二、工质

工程热力学中,把实现热能与机械能相互转换的媒介物或工作介质称为工质。在蒸汽动力装置中,燃料燃烧所产生的热能首先传给锅炉中的水,使之受热转化为水蒸气,水蒸气流动到蒸汽轮机中推动叶轮旋转,在不同设备中的能量是通过水蒸气进行传递和转化的,故水蒸气即为该装置的工质。

工质是热力学中能量转换的内部条件,工质的性质不同,能量转换的效果也不相同。由于热能转换成机械能主要是通过工质的受热膨胀来实现的,因此为使能量转换有效而且迅速,要求作为工质的物质有良好的流动性和膨胀性,通常选用气(汽)态物质作为工质。

允许工质体积变化是能量转换的外部条件,外部条件在一定情况下甚至是能量转换的关键因素,如果把工质置于一体积不可改变的刚性容器中,此时即使工质具有良好的膨胀性和流动性,但是工质的体积无法改变,能量的转换过程也无法实现。

三、热力学系统、边界与外界

1. 系统

在热力学中,为了便于分析,选取某一范围内的物质或某特定的空间作为研究对象,以研究其热力学规律,这种被人为划分出来的研究对象称为热力学系统,简称系统。在图 1－1 所示的蒸汽动力装置中,既可以取任意一个或数个零件作为系统,也可以取整体作为

系统；也即是说，既可以把锅炉作为一个系统，也可以把给水泵和锅炉看作一个系统，还可以把整个蒸汽动力装置整体看作一个系统。

2. 外界与边界

系统之外的一切物体统称为外界，但一般仅指与热力系统有关（即有功、热或质的交换）的部分，它是与系统相互作用的环境。热力学系统与外界的相互作用形式有三种，即热交换、功交换、质量交换。其中，与系统有热交换的外界称为热源，实际热力装置的运行需要两个热源，温度高的热源称为高温热源，简称热源；温度低的热源称为低温热源，简称冷源；与系统进行功交换、物质交换的外界分别称为功源、质源。

在上述蒸汽动力装置中，把整个装置看作一个系统，其所需的热量来自于燃料的燃烧，故燃料可视为系统的高温热源；而对冷凝装置起降温作用的介质（如冷却水等），不断从系统中带走热量，故可视为系统的低温热源（冷源）；发电机则不断地将系统输出的功转化为电能，可视为系统的功源。

如果把冷凝器视为一个独立的系统，则其不断地从蒸汽轮机中获得水蒸气的补充，故蒸汽轮机可视为冷凝器的质源。

系统与外界的分界面称为边界，边界在图上通常用虚线标出，它可以是真实的，也可以是假想的；可以是固定的，也可以是移动的。

四、热力学系统的分类及相互关系

根据热力学系统与外界相互作用的特点，系统可以有以下几种形式：

1. 开口系统

开口系统中，系统与外界有物质交换，或者说有物质穿过边界，并且系统与外界可以有功和热量的交换，也可以没有。如果开口系统与外界物质交换，系统内的工质质量与参数随时间变化，则这种开口系统称为不稳定流动开口系统；反之，如果开口系统内的工质质量与参数均不随时间变化，则这种开口系统称为稳定流动开口系统。如图1－1所示装置中以汽轮机为研究对象，则它可视为开口系统，如果通过补水装置调节进入锅炉的水的质量等于从锅炉中汽化的水的质量，则它可视为稳定流动开口系统。

2. 闭口系统

闭口系统中，系统与外界无物质交换，或者说没有物质穿过边界，系统内的物质总量保持恒定不变。如取蒸汽动力装置整体作为一个系统，那么它就是闭口系统。需要注意的是，闭口系统一定具有恒定的质量，但具有恒定质量的系统不一定是闭口系统。例如在一个稳定流动开口系统中，进入系统与离开系统的工质质量都是恒定的，因而系统内工质具有了恒定的质量，但这样的系统显然是一个开口系统而非闭口系统。

3. 绝热系统

系统与外界无热量交换，但可以有功和质量交换。但事实上，自然界中不存在完全隔热的材料，因此使系统与外界绝对无热量交换是不可能的，但若系统与外界的热量交换量很小，对整体的影响可忽略不计，就可以将这样的系统近似看作是绝热系统。如工质在流经汽轮机时，其散热量与传输给外界的功量相比可以忽略，故蒸汽动力装置中的汽轮机可以看作绝热系统。

4. 孤立系统

孤立系统是系统与外界既无能量（包括功和热量）交换，又无物质交换的系统。严格地说，绝对的孤立系统是不存在的，把发生相互作用的各种设备作为一个整体，并把这个整体作为研究的系统，那么虽然这个系统内部仍然存在各种物质和能量的交换，但它对外界没有了任何的相互作用，因此这个系统就可以看作是孤立系统。

热力学系统是根据它与外界之间有无物质交换、功交换和热量交换来进行划分的，不具有排他性。任何一个热力学系统可能属于一个系统，也可能同时属于两个系统。如上文所说的汽轮机就既是开口系统又可以近似看作绝热系统。但需要指出的是，开口系统一定不是封闭系统，也一定不是孤立系统，但它可能是绝热系统；封闭系统既可能是绝热系统，也可能是孤立系统，但一定不会是开口系统；绝热系统既可能是封闭系统，也可能是开口系统，还可能是孤立系统；孤立系统一定是封闭系统，也一定是绝热系统，但一定不是开口系统。

【拓展知识】

工程热力学与轮机工程专业的关系

现代船舶主要依靠热能动力装置产生推力前进，并将热能转化为电能等其他形式的能量以供制冷装置、空调装置及造水机等设备的使用。对这些热力设备的维护，以及如何保证在船舶正常航行的同时降低能耗、提高经济性是轮机研究人员的重要工作。这些均属于能量转换的相关范畴，也是我们工程热力学所研究的主要目标。因此，要求轮机管理人员必须具备一定的热工基础知识和分析能力。同时，工程热力学也是我们学习船舶主机、辅机、锅炉等专业课程的主要理论基础。

学习和应用本门课程，除了要掌握相关的理论外，还要应用学到的理论去解决生产实际中的问题，学会从实际问题中抽象出理论模型并进行分析，最后再将分析结果应用于实际工作。

任务2　用状态参数描述四冲程柴油机的工作过程

【任务描述】

四冲程柴油机主要由气缸，活塞，进、排气阀，喷油嘴，曲轴和连杆等部件组成，其基本工作过程如图1－2所示，首先活塞自上止点向下止点移动，进气阀打开，排气阀关闭，新鲜空气被吸入气缸，这一冲程称为吸气冲程；然后活塞向上运动，进、排气阀关闭，气缸内空气被压缩，其压力和温度升高，此为压缩冲程；当活塞运行到上止点附近时，燃油从喷油嘴喷入气缸，遇高温高压空气后迅速燃烧，释放大量的热量，使得燃烧形成的燃气的压力、温度均大幅度提高，气体膨胀并推动活塞下行对外做功，此为做功冲程；最后排气阀打开，活塞上行将燃烧后的废气排出气缸，即为排气冲程。在柴油机的工作过程中，轮机员需要根据设备所附带的仪表来监视设备的运行情况，如图1－3所示。

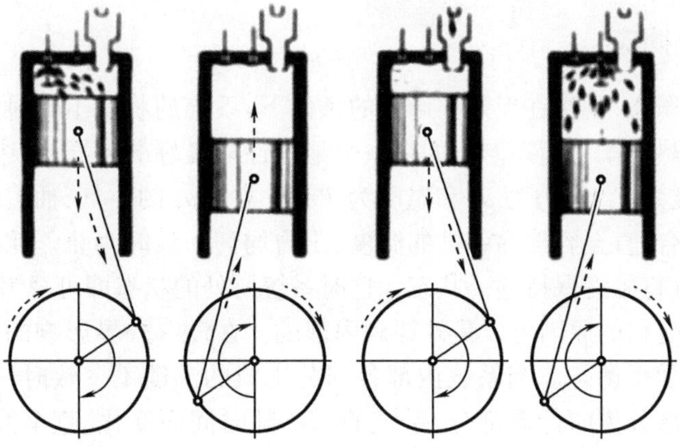

图1-2 四冲程柴油机工作原理示意图

(a)进气行程;(b)压缩行程;(c)做功行程;(d)排气行程

图1-3 四冲程柴油机仪表盘

注:上排左起依次为油温、滑油压力、淡水温度,中间左起依次为淡水压力、增压空气压力、海水压力,下排左起依次为燃油压力、转速、气瓶压力。

【基础知识】

一、热力状态

为了对热力系统中能量转换的情况进行分析计算,首先需要对系统的热力状态进行描述。系统的热力状态是指热力系统在某一瞬间所处的宏观物理状况,如柴油机冷却水的冷热情况、气缸内气压的大小情况等,简称状态。

二、热力学平衡态

所谓热力学平衡态，是指在无外界影响的条件下，系统的状态不随时间而变化，则该系统所处的状态称为热力学平衡态。比如在一个绝热性能良好的容器内，中间用隔板分成两部分，分别充入温度为 T_1、压力为 p_1 和温度为 T_2、压力为 p_2 的空气，抽去隔板，则这两部分的空气立即相互混合，直至容器内各处的温度、压力均匀一致时为止。此后，如无外界的影响，则容器内的空气将始终保持这一状态。这时系统所处的状态即可视为热力学平衡态。

引起系统状态变化的原因可以是外部和内部的。在没有外界影响的前提下，系统的状态不一定处于热力学平衡态。当系统内部各部分工质的温度不一致时，在温差的推动下，热量自发地由高温部分传向低温部分，系统的状态随时间而变化，直至温差消失才能达到平衡，这种平衡称为热平衡。同样，当系统内部出现力的不平衡（如存在压力差）时，系统内部各部分间的物质会在这种力差的推动下发生相对位移，直至力差消失，在这一过程中，系统的状态仍然会随时间而变化。可见，系统处于平衡态的条件就是系统内部存在不平衡势差。对于不发生化学反应的系统，同时具备系统各部分之间没有热量传递的热平衡和没有相对位移的力平衡，我们就称系统处于热力学平衡态。处于热力学平衡态的系统，其内部的温度和压力处处相等，并且对应于系统的每一个平衡态，有且只有一个压力和一个温度，故对于整个系统可以用一组统一的并具有确定数值的参数来描述，从而使得热力分析大大简化，因此热力学平衡态是热力学的一个重要基本概念，工程热力学只讨论处于平衡态的系统。本书中除特殊说明外，所涉及的系统的状态均指平衡态。

需要注意的是，没有外界影响和不随时间变化是平衡态必不可少的两个基本条件。如只满足系统内的状态参数不随时间而变，则称该系统处于稳态。处于稳态的系统不一定处于平衡态。例如，一根金属棒一端与热的电炉接触，另一端与冰接触，当这根棒内任意一点的温度不随时间而变时，则该系统处于稳态。但该系统内部各点的温度并不是均匀一致的，因而处于非平衡态。既然处于非平衡态，为什么各点温度不随时间而变呢？这是因为系统与外界有热的相互作用。可见，平衡必稳定，稳定未必平衡。

平衡与均匀也是两个不同的概念。平衡是相对时间而言的，而均匀是相对空间而言的。例如处于平衡状态下的水和水蒸气组成的系统，虽然汽液两相的温度和压力均相同，但在两相（液相和气相）的分界面上，密度发生突变，显然不是均匀系统。可见，均匀必平衡，平衡不一定均匀。

三、状态参数

描述系统宏观状态的物理量称为系统的热力状态参数，简称状态参数。对于处于平衡态的任一系统，只需要确定几个状态参数，就可以确切地描述系统的宏观状态。热力学中常用的状态参数有压力（p）、温度（T）、比体积（v）、内能（U）、焓（H）、熵（S）六个，它们全部直接或间接地与系统的能量或能量转换有关。

状态参数的数值由系统的状态唯一确定，是状态的单值函数。系统从初态变为终态时，状态参数的变化量只与系统的初、终状态有关，而与变化的途径无关。

系统的状态参数依照其特性可分为两类：尺度量和强度量。尺度量是描述系统总体特征的状态参数，与质量成比例，具有可加性，如系统的容积、内能、焓和熵等；强度量是描述系统内各点特征的状态参数，如系统的压力、温度、比体积等，其数值与系统的质量无关，具有不可加性。

热力学中还有一类参数，其变化量不仅与系统的初、终状态有关，还与变化的过程和途径有关，因而称为路径参数，或称为过程参数。功和热量是典型的过程参数。

四、常用热力状态参数

1. 压力

单位面积上所受的垂直作用力称为压力（即压强），以符号 p 表示。根据分子运动理论，气体的压力可以看作是气体分子撞击壁面的宏观表现。实际上，容器内的气体分子非常多，撞击也非常频繁，因此就产生了一个持续的有一定大小的压力，这个压力就是大量分子撞击壁面的平均结果。

若气体作用在面积为 A 的容器壁面上的垂直作用力为 F，那么该壁面上的压力为

$$p = \frac{F}{A} \tag{1-1}$$

国际单位制中，压力的单位用 Pa（N/m^2）表示，称为帕斯卡，简称帕。工程上 Pa 的单位太小，常用 MPa（兆帕）、kPa（千帕）和 bar（巴）来表示。

$$1\ \text{MPa} = 1 \times 10^6\ \text{Pa} \quad 1\ \text{kPa} = 1 \times 10^3\ \text{Pa} \quad 1\ \text{bar} = 1 \times 10^5\ \text{Pa}$$

除此之外，工程上的压力单位还有标准大气压（atm）、工程大气压（at）、毫米水柱（mmH_2O）、毫米汞柱（mmHg）、千克力（kgf/cm^2）等，它们之间的关系是：

$$1\ \text{mmHg} = 133.3\ \text{Pa} \quad 1\ \text{mmH}_2\text{O} = 9.8\ \text{Pa}$$

$$1\ \text{at} = 1\ \text{kgf/cm}^2 = 10^4\ \text{kgf/m}^2 = 9.8 \times 10^4\ \text{Pa}$$

$$1\ \text{atm} = 1.013\ 25 \times 10^5\ \text{Pa} = 1.033\ 23\ \text{at} = 760\ \text{mmHg} = 10.33\ \text{mmH}_2\text{O}$$

系统的压力可用压力表来测定，并以大气压力作为测量的基准。系统的实际压力数值称为绝对压力，以 p 表示。用压力表测得的压力数值不是绝对压力，而是绝对压力与当地大气压力的差值。若绝对压力高于当地大气压力，由压力表测得的压力数值称为表压力，以 p_g 表示，则

$$p_g = p - p_b$$

如图 1-4(a) 所示，用 U 形管压力计测得的就是空气瓶中空气的绝对压力与当地大气压力之差。如用气压计测出当地大气压力为 p_b，则其绝对压力

$$p = p_g + p_b \tag{1-2}$$

如图 1-3 所示仪表盘中的压力表示数，就是测量所得的表压力。

对于绝对压力低于当地大气压力的系统，其表压力将为负值。这种表压力的绝对值，工程上称为真空度，以符号 p_v 表示。可见真空度是当地大气压力与绝对压力的差值，如图 1-4(b) 所示，用 U 形管真空计测得的吸入真空度，就是吸入管中空气的绝对压力比当地大气压力低的数值，其绝对压力

$$p = p_b - p_v \tag{1-3}$$

表压力和真空度是以当地大气压力为基准的相对压力，前者表示比大气压力高出的压力值，后者表示比大气压力低的压力值，如图 1-5 所示。由于当地大气压力是会变化的，作为系统的状态参数的应该是绝对压力，而不是表压力或真空度。

在工程计算中，当 $p_g \gg p_b$ 时，由于当地大气压力变化不大，可近似认为 $p_b = 0.1$ MPa。但是当被测压力较小，其数值与当地大气压力相近时，则不能将大气压力看作常数，而应测

定具体数值。

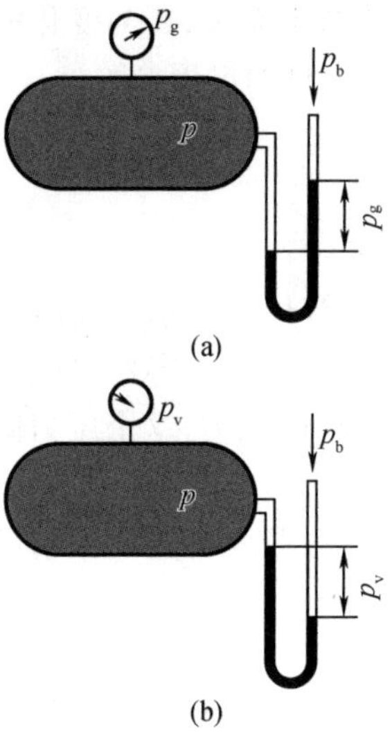

图 1－4　表压力与真空度

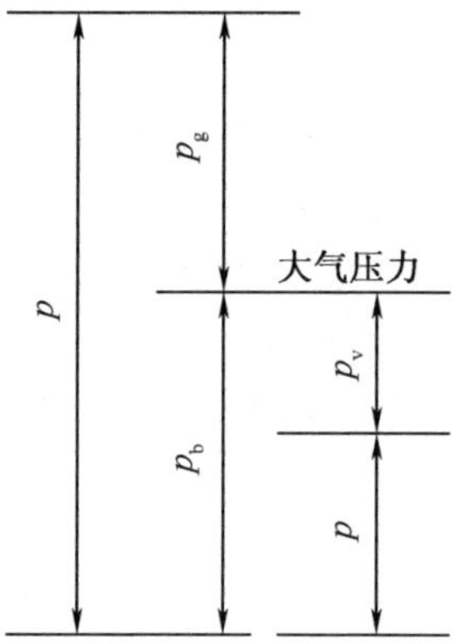

图 1－5　各种压力关系图

2. 温度

温度是物体冷热程度的标志，来源于人们对冷热的感觉。但是，单凭感觉往往会产生错觉，例如同样的气温下，有风和无风时我们对冷热的感觉就不同。要正确的定量表示物体的温度，必须对温度做出严格的定义。

(1)热平衡定律(热力学第零定律)。

温度概念的建立和温度的测定都是以热平衡现象为基础的。两个冷热状况不同的物体相互接触时，冷的物体要变热，热的物体要变冷。经过相当长时间，在没有其他外来影响的情况下，两物体终将达到相同的冷热状况，即所谓热平衡状态。实践证明，如两个物体分别和第一个物体处于热平衡，则它们彼此之间也必然处于热平衡，这一规律称为热力学第零定律。从该定律可以推论，相互间处于热平衡的系统必然具有一个在数值上相等的热力学参数来描述热平衡的特性，这个参数就是温度。由此可知，温度是描述平衡热力系统冷热状况的物理量。

(2)温标。

由于处于同一热平衡状态的一切物体都具有相同的温度，所以在比较各个物体的温度时，不必使它们直接接触，而只需将一个作为标准的物体分别与各个物体处于热平衡既可，这一作为标准的物体称为温度计。

温度的数值表示法称为温标，它是衡量温度的标尺，常用的温标有以下三种：

①华氏温标，在标准大气压力下，纯水的冰点规定为 32 ℃，沸点为 212 ℃，在这两点之间均分为 180 等份，取其中的 1 份称为华氏 1 度，记作 1 ℉，华氏温标用符号℉表示。

②摄氏温标，在标准大气压力下，纯水的冰点规定为 0 ℃，沸点为 100 ℃，在这两点之间均分为 100 等份，取其中的 1 份称为摄氏 1 度，记作 1 ℃，摄氏温标用符号℃表示。

③以测温物质物性变化作为测量温度的温标，称为经验温标。由于各种物质的物性并不严格与温度呈线性关系，因此其温标都存在一定误差。

为解决这一问题，引入了建立在热力学第二定律基础上的热力学温标。热力学温标又称绝对温标,也称开氏温标,它是以零下 273.15 ℃(水的三相点温度)作为绝对温标的零度,每度的间隔与摄氏温标相同。1 ℃记作1 K,开氏温标用符号 K 表示。

应用热力学温标的优点:其固定点比沸点、冰点稳定,而且它的确立不依赖于压力的测量,使得其具有较高的精度。

但在一般工作中大部分国家应用摄氏温标,如图1-3 中仪表盘的所有温度均为摄氏温度,英国、美国等国家采用华氏温标,在国际单位制中,采用热力学温标。三种温标之间的换算关系为

$$t\ ^\circ\mathrm{F} = \frac{9}{5}t\ ^\circ\mathrm{C} + 32 \tag{1-4}$$

$$t\ ^\circ\mathrm{C} = \frac{5}{9}(t\ ^\circ\mathrm{F} - 32) \tag{1-5}$$

$$T\ \mathrm{K} = t\ ^\circ\mathrm{C} + 273.15 \tag{1-6}$$

3. 比体积和密度

一定质量工质所占有的空间称为工质的容积,用 V 表示,单位是 m^3。质量为 1 kg 的工质占有的容积称为比体积,用 v 表示,单位是 m^3/kg。

设质量为 m kg 的工质所占容积 V m^3,则其比体积为

$$v = \frac{V}{m} \quad \mathrm{m}^3/\mathrm{kg} \tag{1-7}$$

单位体积的工质所具有的质量称为密度,用符号 ρ 表示,则上述工质的密度为

$$\rho = \frac{m}{V} \quad \mathrm{m}^3/\mathrm{kg} \tag{1-8}$$

比体积 v 和密度 ρ 之间的关系互为倒数,即

$$\rho = \frac{1}{v} \tag{1-9}$$

以上所说的压力、温度和容积均可以直接观察和测量,在工程上把这类参数称为基本状态参数。

4. 内能和比内能

物质内部具有各种能量,如由原子结合成为分子的化学能、原子内部的原子能、分子无规则热运动所具有的内动能(包括分子的平动动能、转动动能和分子内部原子的振动能)及分子间相互作用所产生的内势能等。由于工程热力学研究的是热能与机械能之间的相互转换,不涉及化学能和原子能,因此把工质具有的内动能和内势能合称为内能,也称为热力学能,用 U 表示,单位是 J 或 kJ。把 1 kg 工质的内能称为比内能,用 u 表示,单位为 J/kg 或 kJ/kg。可见

$$u = U/m \tag{1-10}$$

工质的内动能是温度的函数,内势能取决于工质的体积(或比体积)。因此工质内能(或比内能)是温度和体积(或比体积)的函数,即

$$U = f(T, V) \text{ 或 } u = f(T, v) \tag{1-11}$$

由于工质的温度、体积、比体积均为状态参数,因此内能或比内能也为工质的状态参数。

5. 焓和比焓

(1)流动功。

开口系统中,由于系统和外界都具有一定压力,工质要流动就必须克服沿途压力而做

功。因此要求外界必须对流入系统的工质做功,这种为推动工质流动所做的功称为流动功(或推进功)。换言之,它是流体流进具有一定压力的空间所必须具有的能量,因此也称作推挤能。

单位质量工质所做的流动功等于工质压力和比体积的乘积,即 pv。因为压力和比体积是状态参数,因此流动功也只与状态有关,是状态参数。

(2)焓和比焓。

因为工质流经开口系统时其比流动功和内能总是同时出现,所以在热力学中把这两者之和称为比焓,用 h 表示,单位是 kJ/kg。即

$$h = u + pv \tag{1-12}$$

对于 m kg 处于平衡态的工质,有

$$H = mh = U + pV \tag{1-13}$$

式中,H 为 m kg 工质的焓,单位为 kJ。

因为 U、u、p、v 均为工质的状态参数,因此焓和比焓为工质的热力状态参数。

对内能 U 或比内能 u、焓 H 或比焓 h,在热力学的计算中只用到它们的变化量,因此它们为零值的基准态可以人为选定。

五、热力过程

一个处于平衡态的热力学系统,如果没有外界影响,必将永远保持平衡状态,这时系统具有确定的状态参数。但是,能量的转换依赖于系统状态的变化。在热力学中,把系统从初始平衡态变化到终了平衡态所经历的全部状态称为热力过程,简称过程。

平衡状态不会自发的发生变化,只能随着外界条件的改变而改变,而在实际的热力过程中,由于各种因素的影响,系统内部的状态往往不是统一改变的。例如我们在烧水时,一般是靠近与火焰接触处的容器壁面的水先被加热,容器中心部分的水温度则升高较慢,由于水温的不同,容器内的水会在容器内部自发流动,直至容器内的水与外部形成热交换下的动态平衡时,容器内部各点的温度才会逐渐趋于一致,从而形成新的平衡态。显然,在这个过程中的一系列中间状态均无法确定,为非平衡态。为便于研究分析,我们引入准静态过程的概念。

1. 准静态过程

如果系统从初始平衡态变化到终了平衡态的过程中所经历的每一中间状态为平衡态,或造成系统状态改变的不平衡势差无限小,以致该系统在任意时刻均无限接近于某个平衡态,这样的过程称为准静态过程,又称为准平衡过程。

状态的变化意味着系统原平衡态的破坏。从原平衡态的破坏到新平衡态的建立需要一定的时间。在热力学中把恢复平衡所需要的时间称为弛豫时间。

一般来说,实际过程中每一中间状态都处于非平衡状态(如膨胀或压缩过程中系统各处压力不均匀,加热或放热过程中系统各处温度不均匀)。但是,只要控制外界条件,使过程进行得越缓慢,则过程所经历的中间状态就越接近平衡状态,过程就越接近准静态过程,即实现准静态过程的充要条件是过程进行的时间比弛豫时间长得多。比如内燃机的膨胀或压缩过程。在这类过程中,活塞运动的平均速度一般每秒几米,但气体中的压力波的速度(使压力不平衡趋向平衡的速度)为音速,一般为每秒几百米,因此过程进行的时间远长于弛豫时间,气缸内各处的压力在过程中每一步都来得及趋于均匀一致,这样的过程可以

看作准静态过程。所以,研究准静态过程是有实际意义的。

注意:准静态过程是一种理想化的过程,实际过程只能接近准静态过程。

2. 可逆过程的概念及判断

准静态过程这一概念,解决了过程中系统状态的描述问题,是一个系统内部平衡的过程。这对过程的分析计算无疑是很重要的。但这还不够,因为过程是在外界对系统的作用下发生的,因此还要研究过程对外界所产生效应的性质、系统与外界是否平衡,即过程的不可逆性。系统经历一个过程后,如令过程逆行而使系统与外界同时恢复到初始状态,且不留下任何痕迹,则此过程称为可逆过程。由经验可知,实际过程的不可逆因素有:

第一,耗散效应。

通过摩擦使功变为热的现象称为耗散效应。功可以通过摩擦自发地(无条件地和全部地)变为热,而热不可能自发地变为功。因此,耗散效应是不可逆的。除摩擦外,电流通过电阻时的热效应、磁滞发热和固体的非弹性变形的热效应等,也是耗散效应。

第二, 有限温差下的热传递。

热可以自发地从高温物体传到低温物体,而不可能自发地从低温物体传到高温物体。因此,在有限温差下的热传递是不可逆的。

第三,自由膨胀。

工质在膨胀时克服外界作用在移动边界上的压力,将对外界做膨胀功。如移动边界上的压力为零,则膨胀功为零,这种膨胀称为自由膨胀。如图 1－6 所示,在一刚性的、与外界绝热的容器中有一隔板,隔板把容器分为两部分:左边充有气体,右边为绝对真空。将隔板抽出,气体立即向真空膨胀。由于右边原为绝对真空,对膨胀过程的气体没有压力,因而气体没有对外界做功,这是典型的自由膨胀的例子。待足够长时间后,气体均匀分布在整个容器内达到平衡态。一旦整个容器内的气体达到平衡态后,右边的气体不可能自发地回到左边,而使右边恢复绝对真空。可见,自由膨胀是不可逆的。但要注意的是,如果工质在膨胀的同时对外做功,这种膨胀不能视为不可逆因素。

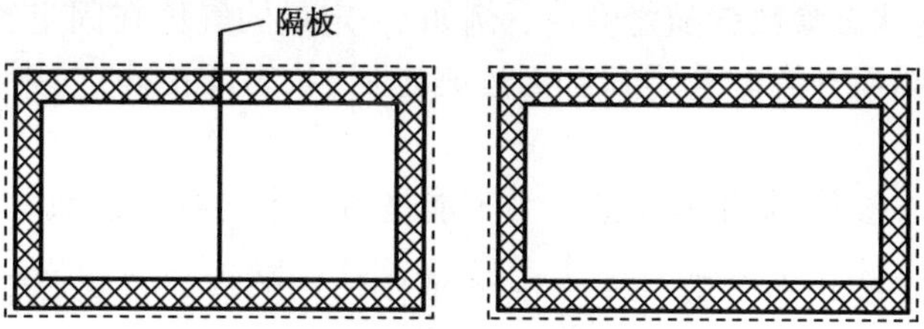

图 1－6　自由膨胀

第四,不同工质的混合。

如图 1－7 所示的容器中,隔板左边充有一种气体,右边充有另一种气体。隔板抽出后,左右两边的气体均会自发地向对方扩散,直至两种不同的气体在整个容器内均匀混合。但均匀混合的不同气体不可能自发地分离。可见,不同工质的混合是不可逆的。

还有其他的不可逆因素。但是,对于不考虑化学反应和电磁等效应的系统,其过程的不可逆因素主要就是以上几种。所有的不可逆因素,归纳起来是由系统的非平衡态和与工质特性有关的耗散效应所引起的。如温度不平衡引起有限温差下的热传递,压力不平衡引起自由膨胀,或者在黏性流体的流动中,存在着流体的宏观动能通过黏性摩擦变为热的现象(即耗散效应)等。

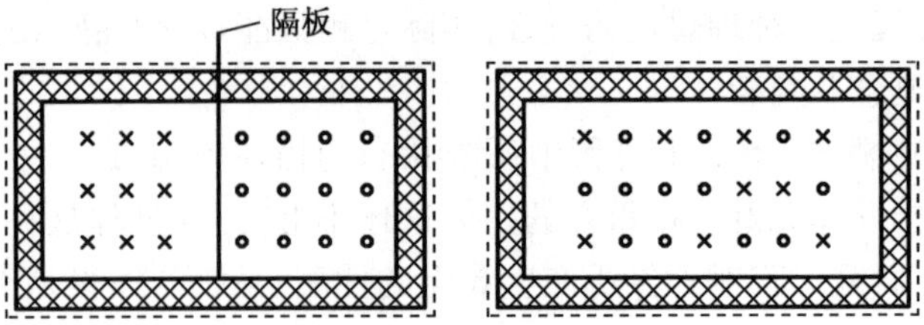

图1-7　不同工质混合

系统进行完一个过程后,如果能使工质沿着相同的路径,逆行回到原来的初始状态,并且系统和外界也全部恢复到原来的状态而不留下任何的改变,这样的过程就称为可逆过程。

无论包含几个不可逆因素,还是作为理想极限情况不包含任何不可逆因素,都可以使系统回到其初态。问题是,在系统回到初态的同时,能否消除原过程中外界所发生的一切变化,使外界也恢复自己的初态。系统进行了一个过程后,如仅能恢复初态,而在外界遗留了不可逆的变化,则这样的过程为不可逆过程。凡是包含不可逆因素的过程,均为不可逆过程,而不包含任何不可逆因素的过程,才能是可逆过程。

准静态过程为系统内部平衡的过程。可逆过程为没有任何不可逆因素的过程,即系统内部平衡和无耗散效应的过程。因此,这两个过程之间的关系可表达为:无耗散效应的准静态过程为可逆过程。

可见,可逆过程必定是准静态过程,而准静态过程不一定是可逆过程。

六、状态方程和状态参数坐标图

如上所述,在热力系平衡状态下,表示系统状态的各种独立参数都不是独立的。实验和理论均证明,对简单可压缩热力系统,只要给定了两个独立状态参数的值,系统的状态就确定了,那么其余的状态参数就随之确定。例如,一定量的气体在固定容积内被加热,其压力会随着温度的升高而升高。若容积和温度确定后,状态即被确定,则压力就只能具有一个确定的数值。

所谓独立的状态参数,是指其中的一个不能是另一个的唯一参数。例如比体积和密度就不是两个相互独立的状态参数($v=\frac{1}{\rho}$),知道比体积的值就意味着知道密度的值,反之亦然。

因此,在三个基本状态参数 p、T、v 中,若任意两个独立状态参数已知,则第三个状态参数必定是这两个独立状态参数的函数。即

$$p=f_1(v,T);v=f_2(p,T);T=f_3(p,v)$$

也可以表示成隐形函数的形式,即

$$f(p,v,T)=0$$

这些用来表示工质平衡状态时状态参数之间的函数关系式称为状态方程式。

由于两个独立的状态参数就可以确定简单可压缩系统的状态,所以,可以任选两个独立的状态参数建立直角坐标图来描述被确定的平衡状态,这种由两个独立的状态参数分别为横、纵坐标所构成的平面直角坐标图称为状态参数坐标图。图上的任意一点即表示某一

状态。工程热力学中常用的有压－容图（$p-v$ 图）、温－熵图（$T-s$ 图）和焓－熵图（$h-s$ 图）等。同一个平衡状态在不同的参数坐标图上都存在一个唯一的状态点，所以不同参数坐标图上的点也存在一一对应关系。利用坐标图进行热力过程分析，既直观清晰，又简单明了，因此它将在后面的学习中被广泛应用。

如图 1－8 所示的 $p-v$ 图中，1、2 两点分别代表由（p_1，v_1）和（p_2，v_2）所确定的两个平衡状态。显然，只有平衡状态才能用图上的一点来表示；对于准静态过程，则由于其过程中的每一个中间状态均可视为平衡态，所以其在状态参数坐标图上可以用一条连续曲线表示，对于非平衡状态过程，由于其内部不均匀，没有确定的状态参数，在坐标图上无法用连续曲线表示。但有时为描述方便，可用虚线表示非静态过程，这种方法只能大致描述过程的趋势，而不能表示过程所经历的中间状态。

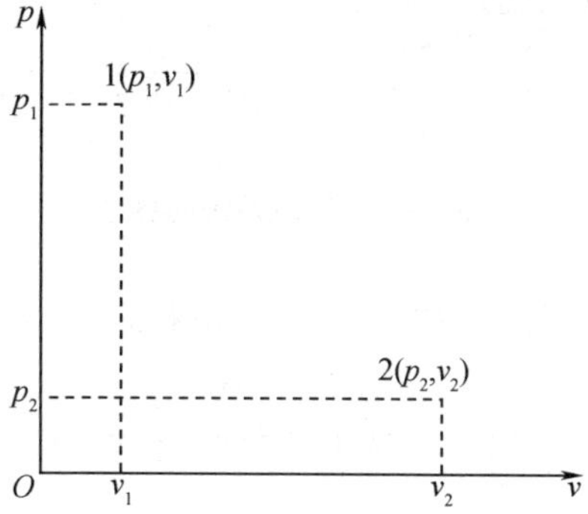

图 1－8　平衡态与状态参数坐标

七、功和热量

热力系统与外界进行能量传递的形式很多，但在工程热力学所涉及的范围内主要有两种，即做功和传热。

1. 功

（1）功的热力学定义。

当热力系统和外界之间存在压力差时，系统通过边界和外界之间相互传递的能量称为功，用 W 表示，单位为 J 或 kJ。单位质量的功称为比功，用 w 表示，单位为 J/kg 或 kJ/kg。

功的方向定义为：当封闭系统通过边界，和外界之间发生相互作用时，如外界的唯一效果是升起重物，则系统对外界做了功；反之，如外界的唯一效果是降低重物，则外界对系统做了功。

按传统习惯，规定系统对外界做功为正，外界对系统做功为负。

与系统只发生功的相互作用的外界，称为功源。从功的热力学定义还可看出，功是系统和外界之间能量传递的一种方式，或者说，功是传递中的能量。它只在通过边界时出现，一旦这种传递中的能量通过了边界时，它便“消失”了并转化为系统或外界的能量，因此说系统“具有”多少功是没有意义的，即功是系统的过程参数。功的数值与状态变化所经历的途径有关。

（2）容积功。

一般把封闭系统中通过工质的容积改变而与外界交换的功称为容积功。工质膨胀时对外界所做的容积功称为膨胀功；外界对工质压缩时外界所做的容积功称为压缩功。

如图1－9所示，封闭在带有活塞的气缸中的气体压力为p，外界的压力为p_0。当气缸内的压力大于外界压力时，产生膨胀，面积为A的活塞缓慢地移动一微小的距离dx，因而气体的体积也增加了一微小量dV。按照定义，活塞移动对外界所做的微元功dW为

$$dW = p_0 A dx = p_0 dV \tag{1-14}$$

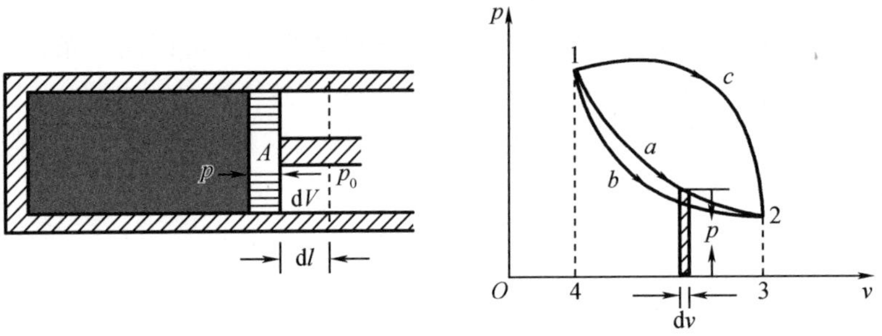

图1－9　闭口系统膨胀功

因为是可逆过程，系统内、外压力始终处于平衡状态，所以有

$$dW = p dV \tag{1-15}$$

式(1－15)表示了系统在体积发生微小变化时所做的微元功，它只与系统的压力和体积的增加量有关。

当体积通过可逆过程改变有限的大小，如从V_1变到V_2时，系统对外界所做的功为

$$W = \int_1^2 p dV$$

对1 kg工质，微元比功和比膨胀功为

$$dw = p dv \tag{1-16}$$

$$w = \int_1^2 p dv = \text{面积 } 1a2341 \tag{1-17}$$

可见，系统与外界所交换的比功的数值，可由$p-v$图(图1－5)上过程曲线与横坐标之间所围的曲边梯形面积来表示，所以$p-v$图又称为示功图。从图上可以看出，从初态1到终态2，过程可沿不同的途径进行，因而就对应着不同的比膨胀功。可见，功不是状态参数，是过程的函数。

(3)轴功与技术功。

工程上，把外界通过旋转轴对流动工质所做的功，称为轴功，用符号W_s表示；单位质量的轴功称为比轴功，用符号w_s表示；流动工质在开口系统中的宏观动能变化量、宏观势能变化量和对外界做的轴功之和，称为技术功，用符号W_t表示，即

$$W_t = \frac{1}{2} m \Delta (w_g^2) + mg\Delta z + W_s \tag{1-18}$$

单位质量工质的技术功，称为比技术功，用符号w_t表示，有

$$w_t = \frac{1}{2} \Delta (w_g^2) + g\Delta z + w_s \tag{1-19}$$

式(1－18)和式(1－19)中，m为工质的质量，单位为kg；w_g为工质流动速度，单位为m/s；轴功与技术功的单位都是J或kJ，比轴功与比技术功的单位都是J/kg或kJ/kg。

对于可逆过程，则有

$$dw_t = \frac{1}{2}dw_g^2 + dw_s = -vdp \tag{1-20}$$

$$w_t = \frac{1}{2}\Delta w_g^2 + w_s = -\int_{p_1}^{p_2} vdp \tag{1-21}$$

由式(1-20)可以看出，在可逆过程中，比技术功可用 $p-v$ 图上过程曲线1—2左边与纵坐标之间的面积12561表示，如图1-10所示。开口系统与外界有无技术功的交换及其交换的方向，则可用式(1-21)判断。当 $dp=0$ 时，$dw_t=0$，即工质在开口系统中等压流动(无摩擦时的惯性运动)，系统与外界无技术功的交换；当 $dp<0$ 时，$dw_t>0$，即工质在开口系统中在正向压力差(压力差方向与流动方向一致)作用下流动时，系统对外界做技术功，该技术功用以增加流动工质的动能和对外输出轴功；当 $dp>0$ 时，$dw_t<0$，即工质在开口系统中要克服逆向压力差(压力差方向与流动方向相反)的作用而流动时，外界必须对系统做技术功，该技术功由流动工质动能的减少和外界输入轴功而得。

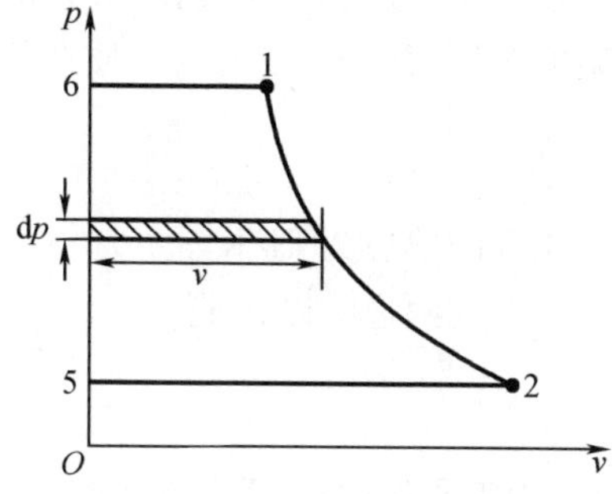

图1-10　可逆过程技术功

2. 热量

当热力学系统与外界之间存在温差时，系统通过边界与外界之间相互传递的非功形式的能量称为热量，用 Q 表示。热量的单位与功的单位相同，为J或kJ，单位质量工质所传递的热量用 q 表示，单位为J/kg或kJ/kg。

按习惯，规定外界加给系统的热量为正，而系统给外界的热量为负。与功类似，热量也是传递中的能量，它只在通过边界时出现，一旦这种传递中的能量通过了边界时，它便“消失”了，并转化为系统或外界的能量。因此，说系统“具有”多少热量是没有意义的，热量也不是系统的状态参数。它的数值与系统状态变化途径有关。

与系统只发生热的相互作用的外界，称为热源，而且认为热源的热容量足够大，以致热源放热或吸热时其温度保持不变。

以绝对温度 T 为纵坐标，比熵 s 为横坐标建立温熵图($T-s$ 图)，如图1-11所示，系统的初态1(T_1, s_1)用点1表示，终态2(T_2, s_2)用点2表示，从初态到终态的某一可逆过程可用曲线1—2表示(不可逆过程用虚线表示)。根据比熵定义 $ds = dq/T$，所以，$dq = Tds$。可见，在微元可逆过程中，系统吸收的单位质量微元热量 dq 在 $T-s$ 图上可用阴影线的微元面积表示。因此，在过程1—2中，系统吸收的单位质量热量为

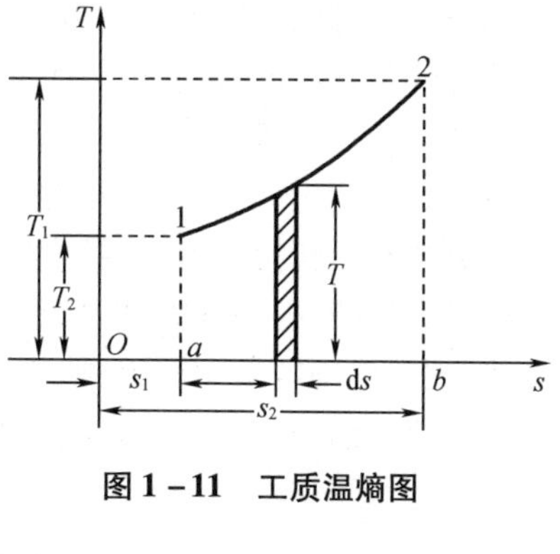

图1-11　工质温熵图

$$q = \int_{s_1}^{s_2} Tds = \text{面积}\ 12ba1$$

可见，用 $T-s$ 图上过程曲线下的面积来表示可逆过程中系统的单位质量加热量是非常方便和形象的，因此 $T-s$ 图又称为示热图，它在热力分析中十分有用。

【拓展知识】

熵和比熵

在一个可逆的微元过程中，m kg 工质从热源吸收的微元热量 $\mathrm{d}Q$ 除以工质吸热时的绝对温度 T 所得的商，定义为工质在绝对温度 T 时熵 S 的增量 $\mathrm{d}S$，即

$$\mathrm{d}S = \frac{\mathrm{d}Q}{T} \tag{1-22}$$

熵 S 的单位为 kJ/K。

将上式两边除以 m 得

$$\mathrm{d}s = \frac{\mathrm{d}q}{T} \tag{1-23}$$

s 为工质的比熵，单位是 kJ/(K · kg)。熵和比熵为工质的热力状态参数。

而对于不可逆过程

$$\mathrm{d}s > \frac{\mathrm{d}q}{T} \tag{1-24}$$

不可逆过程中式(2-24)两侧差值愈大，过程偏离可逆过程愈远，过程的不可逆性也就愈大。沿任何过程(可逆或不可逆)的克劳修斯积分，称为熵流，用 ΔS_f 表示。

$$\Delta S_f = \int_1^2 \frac{\bar{\mathrm{d}}Q}{T} \tag{1-25}$$

系统熵的变化量与熵流之差定义为熵产，用 ΔS_g 表示。

$$\Delta s = (S_2 - S_1) = \Delta S_f + \Delta S_g \tag{1-26}$$

$$\Delta S_g = \Delta s - \Delta s_f = (S_2 - S_1) - \int_1^2 \frac{\bar{\mathrm{d}}Q}{T} \geqslant 0 \tag{1-27}$$

熵流是由于系统与外界发生热交换而引起的，其取值可正可负可为零，而熵产是过程不可逆性的度量，可逆过程熵产为零，不可逆过程熵产大于零，任何过程的熵产不可能小于零。

熵指热量可以转换为功的程度，即热量的转换能力。由经验得知，热量转换为功的能力与热源的绝对温度有关，热源绝对温度越高，系统在可逆过程中从热源吸收的热量可转换为功的那一部分所占比例就越大。由熵的定义可以看出，当在可逆过程中系统从热源吸收的热量相同时，热源的绝对温度越高，则系统的熵增就越小，热量转换为功的能力就越强。可见热量的转换能力与系统在可逆过程中熵的增量成反比关系。

可见，$\mathrm{d}q > 0$，则 $\mathrm{d}s > 0$，即系统从热源吸热，工质比熵增加；$\mathrm{d}q < 0$，则 $\mathrm{d}s < 0$，即系统向热源放热，工质比熵减少；$\mathrm{d}q = 0$，则 $\mathrm{d}s = 0$，即系统与热源绝热，工质比熵不变。因此我们可以根据工质比熵的变化来判断系统与外界热传递的方向。

项目 2　压缩机的工作效率分析

学习目标：

1. 掌握理想气体的定义及其判定方法；
2. 掌握理想气体的三个基本方程及理想气体状态方程；
3. 掌握通用气体常数、气体常数、定容比热及定压比热的概念；
4. 了解基本热力过程（定容、定压、定温、绝热过程）及多变过程的 $p-v$ 图和 $T-s$ 图。
5. 能利用 $p-v$ 图和 $T-s$ 图判定不同过程的特点，即 Δu、Δh、q 及 w 等值的正负性；
6. 掌握压缩机的基本工作过程，并能利用 $p-v$ 图比较说明定温压缩、多变压缩和绝热压缩过程耗功量的多少；
7. 掌握余隙比和增压比对压缩机容积效率的影响；
8. 掌握多级压缩、中间冷却的优点，能根据总压缩比和级数计算单级压缩比和中间压力；
9. 了解叶轮式压气机的工作原理和绝热效率计算。

任务 1　认识理想气体

【任务描述】

船舶的启动和运行都离不开压缩机的使用，船用压缩机又分为高压系统和低压系统。其中，高压系统的压力一般为 2.5 ~ 3 MPa，主要用于起动主机、副机做动力源；低压系统的压力一般为 0.7 MPa，主要用于控制空气和日用空气。这就要求船舶要能自行制备压缩空气，其原理是对常压空气进行加压，为此，必须首先掌握空气的基本性质，这是学习压缩机的基础。

【基础知识】

一、理想气体与实际气体

进入压缩机的空气分子本身占有一定的体积，分子相互间是有作用力的，同时又在持续不断地做着无规则的热运动，性质十分复杂，分子在两次碰撞之间进行的是非直线运动，很难找出其运动规律。为方便分析、简化计算，人们提出了理想气体的概念。

真正的理想气体是一种实际上并不存在的假想气体，其分子是弹性的、本身不占体积的质点，分子相互间没有作用力。凡是满足这一条件的气体称为理想气体，而不满足这一条件的气体均称为实际气体。

显然理想气体只是气体分子运动论提出的一种理想模型，在自然界中是不存在的。但它的热力学性质非常简单，通过把实际气体近似处理成理想气体，可以大大简化对问题的分析。

在热工计算中究竟哪些工质可以作为理想气体看待呢？当气体处于压力低、温度高、比体积很大的状态时，由于分子浓度小，分子本身所占的体积与它的活动空间（即体积）相比要小得多，可以忽略不计；这时，分子间平均距离大，相互吸引力很弱，处于这种状态就很接近理想气体。所以，理想气体实质上是实际气体在压力趋近于零（$p \to 0$），比体积趋近于无穷大（$v \to \infty$）时的极限状态。也即是说，当工质处于远离液态的稀薄状态时，如工程中常用的 O_2、H_2、N_2、CO、CO_2 等及其混合物空气、燃气、烟气等气体在通常的使用温度、压力下都可以看作理想气体；对于包含在大气或燃气中的少量水蒸气，因分压力很小，分子浓度很低，也可当作理想气体处理。

蒸汽动力装置中作为工质的水蒸气，压力较高，比体积很小，离液态不远，因而不能把它当作理想气体。至于在制冷装置中所用到的工质，如氨（NH_3）、氟利昂等同样离液态不远，显然也不能当作理想气体看待，这些就是我们所说的实际气体。

进入压缩机的空气，显然符合我们对理想气体的定义，因此在分析计算时，我们将之视为理想气体以简化分析过程。

二、理想气体状态方程

理想气体的状态方程是在三个实验定律的基础上得来的，即：

波义耳－马略特定律：同一种气体在温度不变的条件下，其绝对压力与比体积成反比，即当 $T_1 = T_2$ 时

$$\frac{p_2}{p_1} = \frac{v_1}{v_2} \text{或} \ p_1 v_1 = p_2 v_2 \tag{2-1}$$

查理定律：同一种气体在比体积不变的条件下，其绝对压力与绝对温度成正比，即当 $v_1 = v_2$ 时

$$\frac{p_2}{p_1} = \frac{T_2}{T_1} \tag{2-2}$$

盖－吕萨克定律：同一种气体在压力不变的条件下，其比体积与绝对温度成正比，即当 $p_1 = p_2$ 时

$$\frac{v_2}{v_1} = \frac{T_2}{T_1} \tag{2-3}$$

根据上述三个实验定律，可得如下形式的理想气体状态方程：

对 1 kg 气体，有

$$pv = RT \tag{2-4}$$

对 m kg 气体，有

$$pV = mRT \tag{2-5}$$

对 1 kmol 气体，有

$$pV_M = R_M T \tag{2-6}$$

对 n kmol 气体，有

$$pV = nR_M T \tag{2-7}$$

理想气体状态方程又称克拉贝隆方程，在式（2－4）至式（2－7）中，p 为气体的绝对压力（Pa），v 为气体的比体积（m^3/kg），V 为气体的容积（m^3），T 为气体的绝对温度（K）；R_M 对

所有的气体都具有相同的数值，称为通用气体常数，单位为 J/(kmol · K)，恒有 R_M = 8 314 J/(kmol · K)；R 为只与气体的性质(气体的种类)有关、与气体所处状态无关的常数，称为气体常数，单位是J/(kg · K)；记物质的千摩尔质量为 M，单位为 kg/kmol，则有 $R_M = MR$，M 在数值上应当等于物质的分子量，如 CO_2 的千摩尔质量为 44 kg/kmol，O_2 的千摩尔质量为 32 kg/kmol；V_M 称为千摩尔体积，单位为 m^3/kmol，根据阿伏伽德罗定律，在同温同压下，摩尔数相等的各种理想气体具有相同的体积，在标准状态(273.15 K，0.101 325 MPa)下，任意理想气体的千摩尔体积均为 22.4 m^3/kmol。

需要特别强调的是，在利用理想气体状态方程时，气体的质量不能发生改变，否则不能应用上述方程进行计算。

例 2－1 $V = 1\ m^3$ 的容器内存有 N_2，温度为 20 ℃，压力表读数 1 000 mmHg，p_b = 1 atm，求容器内 N_2 的质量。

解 $$m = \frac{pVM}{R_M T} = \frac{\left(\frac{1\,000}{760} + 1\right) \times 1.013 \times 10^5 \times 1.0 \times 28}{8.314\,3 \times 1\,000 \times 293.15} = 2.695\ \text{kg}$$

所以，容器内共有 N_2 2.695 kg。

三、理想气体的比热容

在分析理想气体的热力过程时，经常需要计算工质吸收和放出的热量。对不同的物质加热，使其升高相同的温度，所需的加热量是不同的。我们把单位物量的物体在准静态过程中温度升高 1 K 所需的热量称为比热容。

按照计量单位的不同，比热可分为三类：

①质量比热容：符号 c，取 1 kg 质量作为计量单位时，其比热容称为质量比热容，单位为 kJ/(kg · K)；

②容积比热容：符号 c'，取标准状态下 1 m^3 气体的容积作为计量单位时，其比热容称为容积比热容，单位 kJ/(m^3 · K)；

③千摩尔比热容：符号 C_M，取 1 kmol 作为计量单位时，其比热容称为千摩尔比热容，单位为 kJ/(kmol · K)。

三者之间的换算关系为

$$C_M = M \cdot c = 22.4c' \tag{2-8}$$

在上述三种比热容中，一般来说，质量比热容的应用最为广泛，下面就以质量比热容为主进行讨论。

气体的比热容与气体的性质有关。由于不同气体的分子量、分子机构特性均不相同，其比热容也就不同。一般来说，气体的原子数越多，气体的比热容也就越大。

除气体的性质外，由于热量与过程有关，所以气体的比热容也就随过程的不同而不同。在热力学计算中，只给出两种特定过程的比热容：压力保持不变的条件下单位物量的工质，温度升高 1 K 所需的热量，称为质量定压热容，用 c_p 表示；比体积保持不变的条件下单位物量的工质，温度升高 1 K 所需的热量，称为质量定容热容，用 c_v 表示。因为定压加热过程中工质的容积会增大，在此过程中膨胀并对外做功，所以使相同物量的工质升高相同的温度，定压过程所需的热量比定容过程多，故质量定压热容一般大于质量定容热容。

实验表明，理想气体比热容仅为温度的单值函数，可表示为

$$c = a + bt + ct^2 + \cdots \tag{2-9}$$

除气体的性质及热力的过程外，气体的比热容还与气体的温度有关，实际气体的比热容是随气体温度的升高而增大的。温度变化范围越大，则比热容的变化范围也越大。我们把气体温度由 t 升高到 $t + \mathrm{d}t$ 所需的单位质量热量 $\mathrm{d}q$ 与 $\mathrm{d}t$ 的比值称为气体温度 t 时的真实质量比热容，即

$$c = \frac{\mathrm{d}q}{\mathrm{d}t} \tag{2-10}$$

但是，当气体温度较低且变化范围不大，或计算精度要求不高时，为简化计算，我们通常把气体的比热容视为定值，把气体温度由 t_1 升高到 t_2 所需的单位热量 q 与 $t_2 - t_1$ 的比值称为气体由温度 t_1 到 t_2 的平均质量比热容，即

$$c_{m_1}^{2} = \frac{q}{t_2 - t_1} \tag{2-11}$$

四、理想气体的内能和焓

1. 理想气体的内能

气体的内能由内动能和内势能两部分组成，内动能是温度的函数，而内势能是比容的函数。对理想气体来说，因为不考虑分子之间的相互作用力，所以理想气体的内势能为零。即理想气体只有内动能，而内动能仅由温度决定，故理想气体的内能仅由温度决定，是温度的单值函数，即

$$u = f(T) \tag{2-12}$$

同样，理想气体内能的变化量也只与温度有关，即只要知道初、终态温度，就可以计算出内能的变化量。不同的热力过程，即使它们有着不同的初、终态的状态参数，但只要他们的初态温度相同，终态温度也相同，那么这些过程的内能变化量就一定相同。

因此，理想气体比内能的变化量 $\mathrm{d}u$ 也应仅取决于温度变化量 $\mathrm{d}T$。对定容过程，$\mathrm{d}v = 0$，所以 $\mathrm{d}w = p\mathrm{d}v = 0$，所以 $\mathrm{d}q_v = \mathrm{d}u$，即对封闭系统的定容加热量全部用于增加系统的内能。而 $\mathrm{d}q_v = c_v\mathrm{d}T$，所以

$$\mathrm{d}u = c_v\mathrm{d}T \tag{2-13}$$

式(2－13)为理想气体比内能变化量的计算公式，它仅取决于初、终态的温度值，而与过程是否定容并无关系。对实际气体则仅适于定容过程。

2. 理想气体的焓

根据焓的定义式 $h = u + pv$ 可知，对于理想气体，其 $u = f(T)$ 为温度的单值函数；又由克拉贝隆方程，可知 $pv = RT$，即 pv 的乘积也只与温度有关，故理想气体的焓也可视为温度的单值函数，记为 $h = u + pv = u + RT = \varphi(T)$。可见，与内能一样，对应于一定的温度，理想气体的焓值也是唯一确定的，而且只要初、终态的温度相同，理想气体在不同的热力过程中焓的变化量也是相同的。即理想气体比焓的变化量 $\mathrm{d}h$ 也应仅取决于温度的变化量 $\mathrm{d}T$。对于定压的可逆一元稳定流动，$\mathrm{d}p = 0$，所以 $\mathrm{d}w_t = -v\mathrm{d}p = 0$，故有 $\mathrm{d}q_p = \mathrm{d}h$，即对系统的定压加热量全部用于增加流动工质的焓。而 $\mathrm{d}q_p = c_p\mathrm{d}T$，所以

$$\mathrm{d}h = c_p\mathrm{d}T \tag{2-14}$$

式(2－14)为理想气体比焓变化量的计算式，它仅取决于初、终态的温度值，而与过程是否定压并无关系。对实际气体则仅适于定压过程。

对外做功，即 $w>0$；向左方进行的各过程，比体积减小，工质被压缩，消耗外界功，即 $w<0$。

以定压线为分界线，向下方进行的各过程，压力减小，技术功为正，即 $w_t>0$；向上方进行的各过程，压力增大，技术功为负，即 $w_t<0$。

从 $T-s$ 图可以看出，以定温线为分界线，向上方进行的各过程温度升高，比内能增加，即 $\Delta u>0$；向下进行的各过程温度降低，比内能减少，即 $\Delta u<0$。

以绝热线（定熵线）为分界线，向右方进行的各过程，熵均增加，为加热过程，即 $q>0$；向左方进行的各过程，熵均减小，为放热过程，即 $q<0$。

（4）热力学能、焓、功、热量的变化量。

多变过程的比热力学能和比焓变化量为

$$\Delta u = c_v(T_2 - T_1) \tag{2-23}$$

$$\Delta h = c_p(T_2 - T_1) \tag{2-24}$$

在多变过程中，由于 $pv^n=$ 常数，故闭口系统体积功为

$$w = \int_1^2 p\mathrm{d}v = pv^n\int_1^2 \frac{\mathrm{d}v}{v^n} = \frac{1}{1-n}(p_2v_2 - p_1v_1) \tag{2-25}$$

即

$$w = \frac{1}{n-1}(p_1v_1 - p_2v_2) = \frac{R}{n-1}(T_1 - T_2) \tag{2-26}$$

对稳定流动开口系统，多变过程的技术功为

$$w_t = -\int_1^2 v\mathrm{d}p = -\frac{nR}{n-1}(T_1 - T_2) = nw \tag{2-27}$$

可见，多变过程的技术功是体积功的 n 倍，且式（2-25）和式（2-26）不适用于 $n=1$ 的定温过程。多变过程的热量可以用下式来确定：

$$q_n = \Delta u + \int_1^2 p\mathrm{d}v = \frac{n-k}{n-1}c_v(T_2 - T_1) \tag{2-28}$$

令

$$c_n = c_v\frac{n-k}{n-1} \tag{2-29}$$

式中，c_n 为多变过程质量比热容，当 n 取不同数值时，c_n 也有不同的数值。如当 $n=0$（定压过程）时，$c_n=kc_v=c_p$；当 $n=1$（定温过程）时，$c_n=\infty$；当 $n=k$（绝热过程）时，$c_n=0$；当 $n=\pm\infty$（定容过程）时，$c_n=c_v$；当 $1<n<k$ 时，$c_n<0$。

实际船舶在进行空气压缩时，被压缩空气的既不可能定容、定压，又不可能严格做到定温或绝热，因此在实际工作中，压缩机进行的即为 $1<n<k$ 的多变过程。因此，研究气体的多变过程有很大的实际意义。

任务2 单级活塞式压缩机的工作过程分析

【任务描述】

在船舶上，压缩机是用来制造压缩气体的设备，按其动作原理和结构，可将压缩机分为活塞式和叶轮式压缩机两种，其中叶轮式压缩机又可分为离心式和轴流式。同时，按照产生的压缩气体的压力范围，又可分为狭义的压缩机（表压力在 2 bar 以上）、鼓风机（表压力

范围 0.1 ~2 bar）和通风机（表压力在 0.1 bar 以下）。

船用压缩机主要采用活塞式压缩机，图 2 -2 为单级活塞式压缩机结构简图，压缩机主要由活塞、气缸、吸气阀、排气阀、空气滤清器和散热肋片组成。为了便于散热，有的气缸制成双层，冷却水在隔层中流过以冷却气缸。活塞式压缩机的吸气阀启、闭不依靠机械传动，而是由作用在气阀上的弹簧力和缸内、外气体的压差来控制，因此是自动阀。

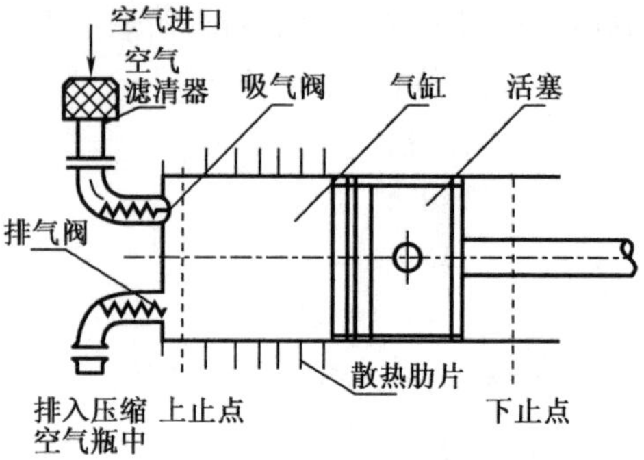

图 2 -2　单级活塞式压缩机结构简图

【基础知识】

一、单级活塞式理想压缩机的工作过程

为简化分析过程，我们首先分析单级活塞式理想压缩机的工作过程。所谓单级活塞式理想压缩机，是指依靠气体一次流经气缸，达到所需的工作压力；活塞到达上止点时，活塞顶面与缸盖底面正好接触而不相撞，即两者间隙为零；气体流进、流出气缸不存在流动阻力的情况。

单级活塞式理想压缩机的 $p-V$ 图和 $T-s$ 图如图 2 -3 所示，压缩机由外部功源带动，当曲轴旋转一圈时，活塞在上、下止点间往复一次，气体完成吸入、压缩和排出过程，其中：

4—1 为吸气过程。活塞从上止点向下止点运动，使气缸容积增大，压力降低，外界气体在压差的作用下推开进气阀进入气缸。对于活塞式理想压缩机，因为不存在流动阻力，进入气缸的气体压力始终与外界压力保持一致，并且温度和比容也没有变化，所以示功图中 4—1 线并不表示气体在定压条件下的状态变化过程，气缸中气体容积 V 的增加是进入气缸气体的质量增加的结果。

1—2 为压缩过程。吸入气体后，活塞自下止点向上止点方向运动，使气缸容积减少，气体压力由图中 1 点增加到 2 点。此时，吸气阀在压力作用下关闭，排气阀还没有达到打开条件，也同样处于关闭状态。故而在整个压缩过程中，气缸内气体的质量均保持不变。该压缩过程有两种极限情况：其一为过程进行极快，热量来不及通过气缸壁面外传，或传出热量相对于压缩产生的热量极少至可以忽略不计，在这种情况下压缩过程可视为绝热过程，如图 2 -3 中 $1—2_s$ 所示，在这种情况下由于气体不能散热故会导致气体温度的升高；第二种情况是过程进行十分缓慢，气体由于被压缩所产生的热量有充足的时间经气缸壁面传出，使气体的温度随时与外界相等，这种压缩可以视为定温过程，如图 2 -3 中 $1—2_T$ 所示。当然，在实际的压缩过程中，既不可能速度快至无法散热，也不可能速度慢至能够充分散热，故实际过程通常介于两种极限情况之间，为多变指数 n 介于 1 与 k 之间的多变过程，使得压缩中既有热量向外传出，温度也有所升高，如图 2－3 中 $1—2_n$ 所示。

2—3 为排气过程。随着活塞的上行，气缸内的压力连续升高；当活塞上行到上、下止点间的某一位置时，缸内压力与排气道前压力（相当于空气瓶压力）和气阀弹簧压力之和相等，随活塞进一步上行，缸内压力就会大于外界压力，此时缸内气体就会在压力作用下推开排气阀而排出气缸，进入到空气瓶中。和吸气过程相似，排气过程中气体的状态不变，气缸中气体容积的减少是气体不断排往空气瓶的结果。

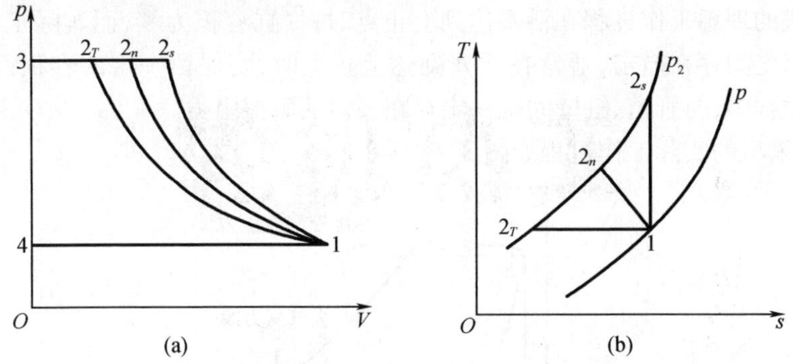

图 2－3 单级活塞式理想压缩机 $p-V$ 图和 $T-s$ 图

二、单级活塞式理想压缩机的耗功计算

取压缩机的气缸及其中的工质为研究对象，则所构成的系统为开口系统，有工质的流入、流出，并且工质在气缸中经历了一个压缩过程。在活塞的一个往复中，理想压缩机压缩 m kg 气体所需的机械功为压缩过程中的压缩功与进、排气过程中流动功的代数和，根据理论计算它们分别是：

可逆定温压缩时压缩机所需的机械功为

$$W_{c,T}=p_1V_1\ln\frac{p_1}{p_2}=mRT_1\ln\frac{v_2}{v_1} \tag{2-30}$$

可逆绝热压缩时压缩机所需的机械功为

$$W_{c,s}=\frac{k}{k-1}(p_1V_1-p_2V_2)=\frac{k}{k-1}p_1V_1\left[1-\left(\frac{p_2}{p_1}\right)^{\frac{k-1}{k}}\right] \tag{2-31}$$

可逆多变压缩时压缩机所需的机械功为

$$W_{c,n}=\frac{n}{n-1}(p_1V_1-p_2V_2)=\frac{n}{n-1}p_1V_1\left[1-\left(\frac{p_2}{p_1}\right)^{\frac{n-1}{n}}\right] \tag{2-32}$$

对压缩 1 kg 气体，则分别为

$$\left.\begin{aligned}
w_{c,T}&=p_1v_1\ln\frac{p_1}{p_2}\\
w_{c,s}&=\frac{k}{k-1}p_1v_1\left[1-\left(\frac{p_2}{p_1}\right)^{\frac{k-1}{k}}\right]\\
w_{c,n}&=\frac{n}{n-1}p_1v_1\left[1-\left(\frac{p_2}{p_1}\right)^{\frac{n-1}{n}}\right]
\end{aligned}\right\} \tag{2-33}$$

定温压缩时所消耗的机械功最小（以面积 12_T341 表示），绝热压缩时消耗的机械功最大（以面积 12_s341 表示），多变压缩时消耗的机械功介于二者之间（以面积 12_n341 表示）。因此，对压缩机气缸加强冷却，使实际的压缩过程尽量接近于定温压缩，能够减少压缩机所需机械功，而且可以保证活塞环和气缸壁上正常的润滑条件。

三、单级活塞式压缩机的实际工作过程

单级活塞式压缩机的实际工作过程与理想工作过程有较大的区别，主要表现在：单级活塞式压缩机的理想工作过程在活塞达到上止点时，气缸容积为零，而实际工作中，为避免活塞与气缸盖之间存在撞击，通常在活塞到达上止点时，要保留一定的容积；同时，在气体的实际流动过程中，与管道、缸壁间也一定存在一定的摩擦阻力。

故此，压缩机的实际工作过程如图 2－4 所示。

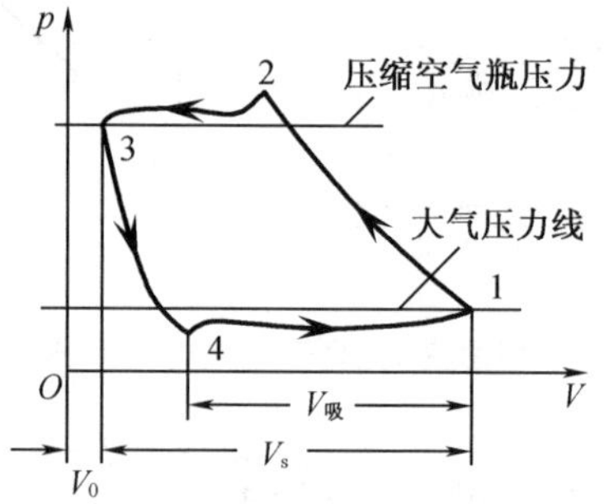

图 2－4　单级活塞式压缩机实际工作过程 $p-V$ 图

1—2 为压缩过程。活塞在运行至下止点时，气缸吸入一定质量的空气，记空气压力为 p_1（等于大气压力）、温度为 T_1、容积为 V_1，在状态参数坐标图上用点 1 表示；当活塞上行时，容积减少，压力、温度均升高，当压缩过程结束时，压力升至 p_2、温度变为 T_2、容积变为 V_2。

2—3 为排气过程。当气缸内气体的压力大于作用在排气阀上的背压力（即空气瓶中的压力）和阀片自身的弹簧张力时，排气阀就会在压力的作用下打开，活塞继续上行，将压缩后的空气压入空气瓶中。在这一过程中，为克服流动过程中的阻力，气缸内的压力必须略大于空气瓶中的压力。同时由于实际活塞在到达上止点时，与缸盖间仍然存在一定的空隙，这一空隙一般称为余隙容积，其大小用符号 V_0 表示，故 3 点的容积不为零，余隙容积内气体的压力等于空气瓶内气体的压力，记为 p_3。

3—4 为上述余隙容积内的气体的膨胀过程。当活塞运行到上止点时，由于余隙容积内气体的压力远高于空气压力 p_1，故当活塞下行时，不能立即打开进气阀吸入新鲜空气，此时，气缸仍然处于封闭状态，随着活塞的下行，余隙容积内的气体不断膨胀，压力随之降低；只有当气缸内气体的压力低于空气压力 p_1 时（如图 2－4 中 4 点所示），进气阀才会在气缸内外压差的作用下克服弹簧张力而开启，从而进入吸气过程。

4—1 为吸气过程，这一过程自进气阀开启始，至活塞运行至下止点为止。在此过程中，由于气体存在流动阻力，故在吸气过程中实际缸内压力应当略小于外界压力。

需要强调的是，2—3 的排气过程和 4—1 的吸气过程不是热力过程，仅仅是气体的移动过程。

四、容积效率

式(2-33)中我们分析了在不考虑余隙容积时,压缩 1 kg 气体的耗功量。但在实际工作过程中,为保证设备在运转时的安全一定会存在余隙容积。那么,在存在余隙容积的情况下,压缩 1 kg 气体的耗功量会如何变化?

图2-4 为有余隙容积的情况下压缩机工作过程的 $p-V$ 图,由图可以看出,在存在余隙容积的情况下,压缩机所消耗的机械功应等于压缩过程的技术功与余隙中剩余气体膨胀过程的技术功的代数和,且实际的压缩过程应为多变过程,故此时压缩机压缩 m kg 气体的耗功量为

$$W_{c,n}=\frac{n}{n-1}p_1(V_1-V_4)\left[1-\left(\frac{p_2}{p_1}\right)^{\frac{n-1}{n}}\right] \tag{2-34}$$

压缩 1 kg 气体的耗功量为

$$w_{c,n}=\frac{W_{c,n}}{m}=\frac{n}{n-1}p_1v_1\left[1-\left(\frac{p_2}{p_1}\right)^{\frac{n-1}{n}}\right] \tag{2-35}$$

比较式(2-33)和式(2-35)可以看出,无论是否存在余隙容积,压缩 1 kg 气体所消耗的机械功是相同的,这是因为余隙容积内的气体在理论上只是储存机械功,在3—4 阶段进行释放,故没有消耗外界功。但实际上,由于摩擦阻力的存在,使得当存在余隙容积时,压缩机活塞单次吸气量下降,产生相同量的压缩空气需要进行更多次的压缩,增加了摩擦损失,也就增大了机械功的消耗。因此,在设计和维修压缩机时,要注意余隙容积不能过大。

令 $V=V_1-V_4$,称为有效吸气容积,则由于在实际工作中,压缩机的有效吸气容积 V_s 总是小于气缸的工作容积,因此会造成气缸工作容积活塞排量的利用不充分。我们用容积效率来评价余隙容积对气缸利用率的影响,则容积效率可定义为

$$\eta_v=\frac{V_1-V_4}{V_s}=\frac{V}{V_s} \tag{2-36}$$

设在过程3—4 也即余隙容积内的高压气体的膨胀过程中,其多变指数与压缩过程中多变指数相同,则由多变过程的性质,可得 $V_3=V_0$,且有 $\frac{V_4}{V_0}=\frac{V_4}{V_3}=\left(\frac{p_2}{p_1}\right)^{\frac{1}{n}}$;将以上两式带入式(2-36),则有

$$\eta_v=\frac{V_1-V_4}{V_s}=\frac{V_1-V_0+V_0-V_4}{V_s}=1+\frac{V_0}{V_s}\left[1-\left(\frac{p_2}{p_1}\right)^{\frac{1}{n}}\right]=1-\frac{V_0}{V_s}\left[\left(\frac{p_2}{p_1}\right)^{\frac{1}{n}}-1\right] \tag{2-37}$$

记 $\delta=\frac{V_0}{V_s}$称为压缩机的余隙比,$\beta=\frac{p_2}{p_1}$称为压缩机的增压比,代入式(2-37),则压缩机的容积效率可以表达为

$$\eta_v=1-\delta(\beta^{\frac{1}{n}}-1) \tag{2-38}$$

由式(2-38)不难看出,余隙比增大或增压比提高,均会降低压缩机的容积效率。这一特性我们也可以通过 $p-V$ 图进行分析。

图2-5 所示为相同余隙容积的增压比提高对容积效率的影响,由图可见,压缩终点气体的压力由 p_2 提高到 p_2',则有效吸气体积将由 V_1-V_4 缩小为 V_1-V_4'。当 p_2 不高时,余隙容积对压缩机的容积效率影响较小,但当 p_2 较高时,影响就大了。当 p_2 提高到某一数值

(如图中的 p_2'')时,容积效率 $\eta_v=0$。此外,p_2 越高,压缩终点的气温也越高,当温度超过滑油的自燃点(300~350 ℃)时,滑油就会自燃。压缩终点的气体温度一般不超过 160 ℃,以保证正常的润滑条件。因此,单级压缩机的增压比 β 不宜过高,一般应当以 $\beta\leqslant 7$ 为宜。

同样,余隙容积的增大也会使得压缩机的容积效率下降,因此在实际中余隙比 δ 也不能过大,一般控制在 2%~6% 以保证设备的经济性。

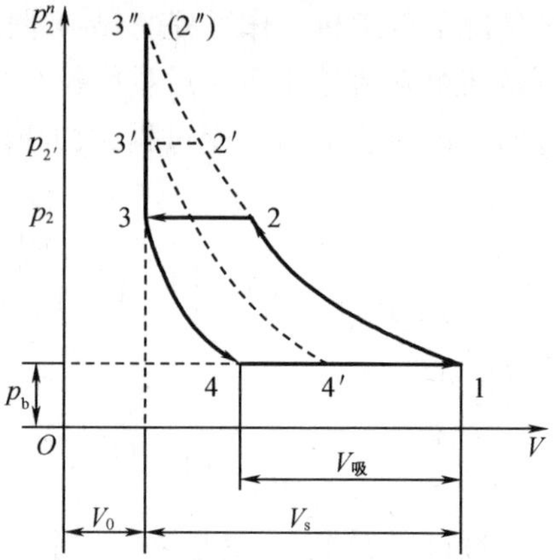

图 2-5　增压比对容积效率的影响

【你知道吗?】

在给自行车打气时,如果你的动作幅度保持不变,那么:

1. 你第一下打入车胎的空气是最多的,此后每一次打气打入车胎的空气都会略少于上一次;

2. 打气筒是有压力上限的,如高于这一上限,打气筒是无能为力的。

任务3　分析多级活塞式压缩机的工作过程

【任务描述】

船舶用于启动主、辅机的高压系统的压力一般为 2.5~3.0 MPa,为达到这一压力,需要将常压空气加压 25~30 倍。但前文已经说过,为保证压缩机的容积效率,单级压缩比一般不应大于 7;为解决这一矛盾,一般采用多级压缩的工作方式,即将一次压缩后的气体,作为另一次压缩的初始气体,这样,两次压缩的总压缩比就等于两次压缩的增压比之积。同时,由于压缩会导致气体温度升高,为保证最终温度在合理范围内并保证润滑条件,故在过程中要附加中间冷却过程。船舶上常用的是两级活塞式压缩机,压缩机的结构有传统并列式(有高压缸和低压缸两个气缸)和级差式两种。那么,这种方式的过程特点有哪些?中间冷却有什么作用?为实现总的压缩比,两级压缩又应当如何分配压缩比?

【基础知识】

一、两级活塞式压缩机的结构及工作原理

图 2-6 为两级活塞式压缩机的结构简图,空气经低压气缸压缩,压力由初压 p_1(约为 0.1 MPa)提高至某一中间压力 p_2(约为 0.6 MPa 左右),然后流入中间冷却器,冷却后送入高压级气缸压缩,使气体压力达到使用要求压力 p_3 并送入空气瓶中。

图 2-7 为上述两级活塞式压缩机工作过程的 $p-V$ 图。

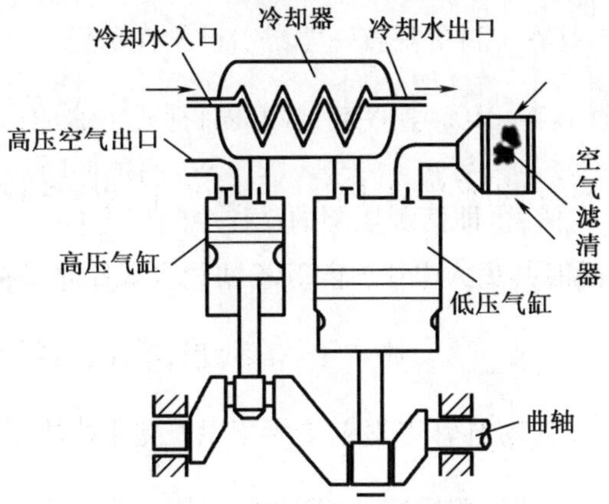

图 2-6 两级压缩机结构简图

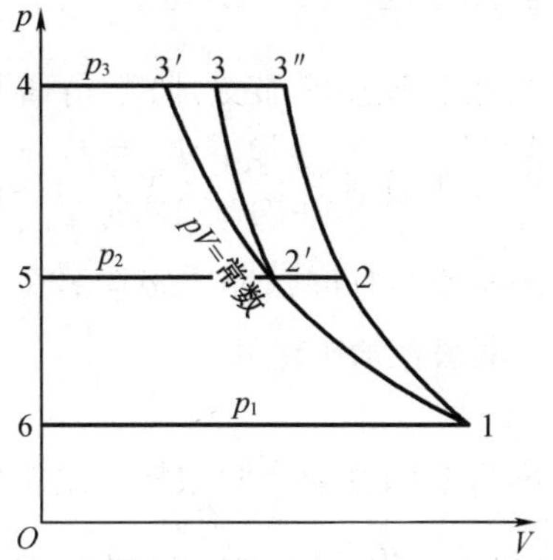

图 2-7 两级活塞式压缩机的 $p-V$ 图

图中:6—1 为低压缸吸气过程;

1—2 为低压缸多变压缩过程;

2—5 为低压缸排气过程,排出的压缩气体在中间冷却器中定压冷却,一般使冷却终温等于气体的初始温度,使 $t_2' = t_1$,由于气体压力不变而温度降低,故其比容将从原来的 v_2 缩小为 v_2';

5—2′为高压缸吸气过程;

2′—3′为高压缸的定温压缩过程,但由于实际过程很难做到严格意义上的定温,故 2′—3 为高压缸多变压缩过程;

3—4 为高压缸排气过程。

在图中,面积 61256 表示完成一个工作过程(活塞往复一次)低压缸所消耗的机械功;面积 52′345 表示完成一个工作过程高压缸所消耗的机械功。两级活塞式理想压缩机完成一个工作过程所消耗的机械功为低压缸与高压缸消耗的机械功之和,在 $p-V$ 图上即面积 6122′346。

为将空气从压力 p_1 压缩至压力 p_3,若采用单级压缩机完成这一工作,则所需要的机械功如面积 6123″46 所示,因而,采用中间冷却的两级压缩机所消耗的机械功要比单级压缩消耗的机械功少,其节省机械功为面积 23″32′2 所示。同时,空气经低压缸压缩后,再经过中间冷却器被冷却到常温,然后进入高压缸中压缩,压缩终点温度与低压缸压缩终点温度相差不多,远远低于单级压缩时的温度,从而保证气缸具有良好的润滑条件。

相对于单级压缩,两级压缩中间冷却的形式,不但可以节省机械功,而且提高了润滑效

果从而增加了设备的寿命，因此这一方式目前被广泛采用。而且如果中间冷却不良，则空气压缩机的耗电量会显著增加，导致设备过载，这也是船用空气压缩机的常见故障之一。

二、最佳增压比和中间压力的确定

对于两级压缩机，压缩 1 kg 气体所消耗的机械功为低压缸与高压缸所消耗的机械功之和。当采用不同的中间压力时，其总的耗功量也会随之发生变化。因此，我们需要分析出最优方案，使压缩机耗功最少，这样的中间压力和增压比称为最佳中间压力和最佳增压比。

如果中间冷却器能够达到理想效果，即使得自低压缸出来的气体冷却后的温度与低压缸的进气温度相等，即 $t_2' = t_1$，则可得多变压缩的耗功为

$$w_{c,n} = \frac{n}{n-1}p_1v_1\left[2 - \left(\frac{p_2}{p_1}\right)^{\frac{n-1}{n}} - \left(\frac{p_3}{p_2}\right)^{\frac{n-1}{n}}\right] \tag{2-39}$$

由式(2－39)可以看出，当 p_1、v_1、p_3、n 给定时，$w_{c,n}$ 与 p_2 有关，式(2－39)两侧同时对 p_2 求导并令导数为零，即可求得使 $w_{c,n}$ 最小时的 p_2 值，也即两级压缩的最佳中间压力：

$$p_2 = \sqrt{p_1p_3} \tag{2-40}$$

故其最佳增压比为

$$\beta = \frac{p_2}{p_1} = \frac{p_3}{p_2} = \sqrt{\frac{p_3}{p_1}} \tag{2-41}$$

其中，记 $\beta_1 = \frac{p_2}{p_1}$，称为第一级压缩的增压比，记 $\beta_2 = \frac{p_3}{p_2}$，称为第二级压缩的增压比。

由式(2－41)可以看出，要使压缩机所消耗的机械功最小，第一级和第二级应当采用相同的增压比，这一增压比称为最佳增压比。

推广至多级压缩，设其初压为 p_1，终压为 p_{m+1}，共有 m 级，则其最佳增压比为

$$\beta = \beta_1 = \beta_2 = \cdots = \beta_m = \sqrt[m]{\frac{p_{m+1}}{p_1}} \tag{2-42}$$

在实际工作当中，增多压缩级数从理论上可以节省更多的功，但是在实际当中级数过多会导致机构复杂，机械摩擦损失和流动阻力损失等不可逆损失也会随之增大，因此在一般情况下，多级压缩最多到 4 级，而船舶用压缩机多为两级压缩。

【拓展知识】

活塞式压缩机因转速不高、间歇性的吸气与排气及有余隙容积的影响，所以单位时间供气量小。因此，当需要大供气量时，应采用叶轮式压缩机。叶轮式压缩机相对于活塞式压缩机的最大优点是流量大，气体能无间歇地连续流进流出。但叶轮式压缩机也有自己的缺点，即增压比相对较小，故仅适用于较低压力的场所。

叶轮式压缩机按气流的流向分为径流式(离心式)和轴流式两大类。

一、离心式叶轮压缩机的工作原理

叶轮式压缩机是通过叶片带动气体运动，使气体的动能增加，之后让高速气流通过扩压管，使气体的动能降低而压力增加，相对于活塞式压缩机直接将机械能转变为气体的压力能，叶轮式压缩机则经历了两次能量转换。

目前，叶轮式压缩机在船舶上的运用日趋广泛，图2-8所示即为船上采用的以废气涡轮来带动的离心式压缩机，压缩机转子被带动旋转后，空气沿轴向进入叶轮叶片之间，旋转着的叶片使空气在离心力作用下被高速甩出叶轮，高速气流进入沿叶轮外围所布置的有叶扩压器，速度降低，压力升高，然后再经过断面渐大的蜗壳，速度进一步降低，压力进一步升高，最后从排气口排出。

叶轮式压缩机的工作原理虽然与活塞式压缩机不同，但从热力学观点分析气体的状态变化过程，则完全与活塞式压缩机相同，因此在叶轮式压缩机的工作过程分析中，其压缩过程在忽略机壳的散热时，也可近似视为绝热过程。

如图2-9所示，叶轮式压缩机的可逆绝热压缩过程在 $T-s$ 图中可用垂直线1—2来表示。由于理想气体的焓值是温度的单值函数，而在压缩机中的空气因其处于远离液态的稀薄状态可近似视为理想气体，故在图中由 $T_1=T_3$，可得 $h_1=h_3$，$h_1-h_2=h_3-h_2$，又因为点3和点2在一条等压线上，而等压线下的面积即为定压加热量，正好等于焓的变化量，故压缩1 kg气体所消耗的机械功为

$$w_c = h_1 - h_2 = \text{面积}43254 \tag{2-43}$$

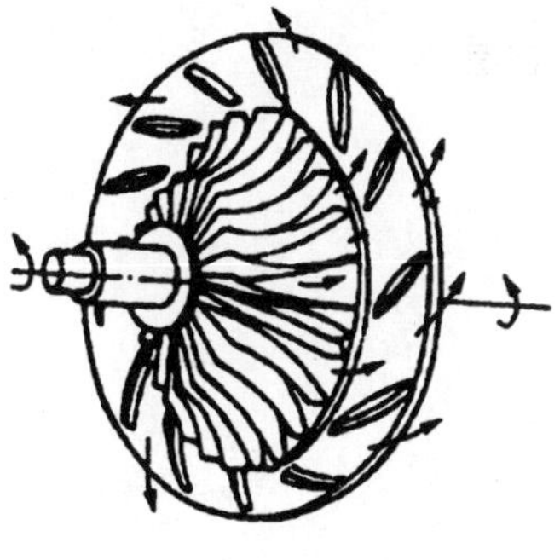

图2-8 离心式压缩机

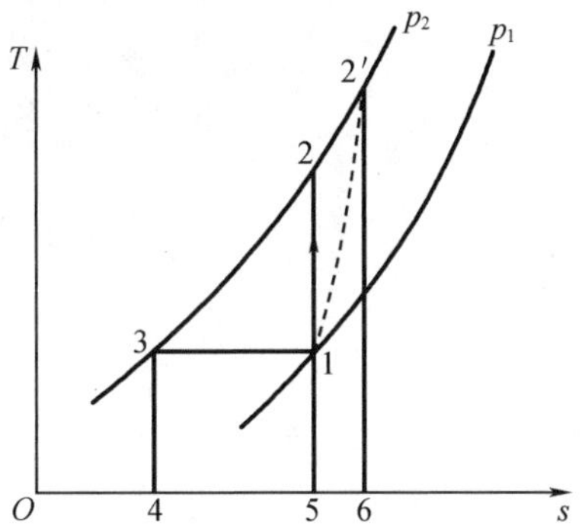

图2-9 $T-s$ 图上的压缩机绝热压缩过程

但是，叶轮式压缩机的实际压缩过程存在摩擦等因素的不可逆过程，不可逆的绝热压缩使压缩终点的比熵值增加。如果不可逆绝热压缩到相同的终压，则实际压缩终点为2′，其过程曲线用虚线1—2′表示。

叶轮式压缩机实际绝热压缩所消耗的机械功可表示为

$$w_c' = h_1 - h_2' = h_3 - h_2' = \text{面积}432'64 \tag{2-44}$$

在叶轮式压缩机中，可以用可逆绝热压缩时压缩机所消耗的机械功 w_c 与不可逆绝热压缩时压缩机所消耗的机械功 w_c' 之比来衡量压缩机中绝热压缩过程的不可逆程度，称为压缩机的绝热效率，用符号 η_c 表示，即

$$\eta_c = \frac{w_c}{w_c'} = \frac{h_1 - h_2}{h_1 - h_2'} \tag{2-45}$$

实际压缩时，多消耗的功(取绝对值)为

$$|h_1 - h_2'| - |h_1 - h_2| = h_2' - h_2 = \text{面积}522'65 \tag{2-46}$$

二、轴流式叶轮压缩机简介

除离心式叶轮压缩机外，还有一种轴流式叶轮压缩机，其结构简图如图2-10所示，空

气从左下方的进口处流入压缩机,经过收缩器时流速得到初步增加,进口导向叶片使气流改为轴向流动,同时还起扩压管的作用,使压力得到初步升高;转子由外力(通常为电动机、汽轮机或燃气轮机)驱动,做高速旋转运动。装在转子上的工作叶片推动气流,使之获得很高的流速;高速气流进入固定在机壳上的导向叶片间的通道,使其速度降低而压力升高,气流每经过一级(由一排工作叶片和一排导向叶片所构成)连续进行类似过程,使气体的压力逐级提高,最后经扩压器进一步提高压力并从右下方出口将压缩后的气体排出压缩机。

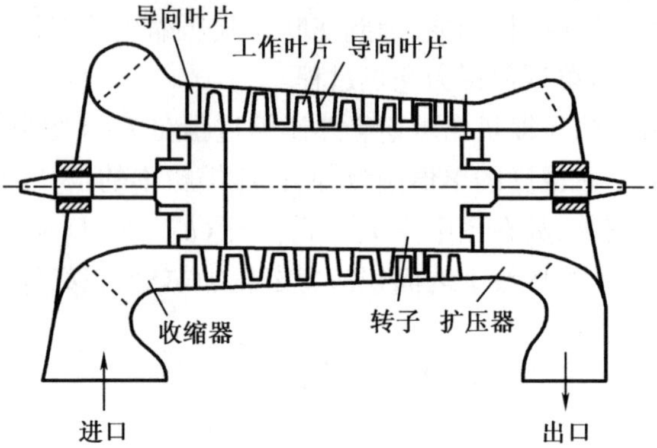

图 2-10　多级轴流式压缩机结构简图

项目3　船舶柴油机能耗分析

学习目标：

1. 掌握热力学第一定律的表述及开口、闭口系统的热力学第一定律；
2. 掌握热力学第二定律的基本概念、表述及其实质；
3. 掌握正循环、逆循环及其经济性指标；
4. 掌握卡诺循环和卡诺定理的相关内容及提高循环经济性的方法；
5. 会绘制混合加热理想循环、定压加热理想循环和定容加热理想循环的 $p-v$ 图和 $T-s$ 图；
6. 能结合 $T-s$ 图分析影响气体动力循环热效率的因素；
7. 掌握在给定条件下，利用 $T-s$ 图分析比较混合加热理想循环、定压加热理想循环和定容加热理想循环的热效率的方法；
8. 掌握平均压力的概念和含义，以及提高平均压力的途径；
9. 了解燃气轮机的基本工作原理。

任务1　掌握热力学第一定律及其应用

【任务描述】

远洋船舶每天要消耗数十吨燃油，其中绝大部分是被船舶主机消耗的。燃油的消耗量和船舶主机对外所做的机械功之间有怎样的关系，这就是热力学第一定律所要解决的问题。

【基础知识】

一、热力学第一定律的内容和实质

能量守恒与转换定律是自然界的基本规律之一。该定律指出：自然界中的一切物质都具有能量，能量既不能凭空产生，也不能凭空消失，它只能从一个物体转移到另一个物体，或者从一种形式转化成另一种形式，在转移和转化的过程中，能量的总量保持不变。

热力学第一定律的实质就是能量守恒与转换定律在热力学系统中的具体应用，其主要考虑的是热能和机械能之间的相互转换和守恒，所以热力学第一定律可以表达为："孤立系统内能量的总量保持不变"或"热可以变为功，功也可变为热；一定量的热消失时必产生相应量的功，消耗一定量的功时必出现与之对应的一定量的热"。

历史上，有人试图制造一种不消耗任何能量而不断循环并对外做功的机器，即第一类永动机。事实证明，这一类永动机是造不成的，因为这种机器从根本上违反了能量转换和守恒定律，所以热力学第一定律又可以表述成"第一类永动机是造不成的"。

热力学第一定律适用于一切热力系统和热力过程，无论是开口系统还是闭口系统，热

力学第一定律都可表示为

$$进入系统的能量-离开系统的能量=系统中储存能的变化量 \tag{3-1}$$

根据式(3-1),我们可以将能量分为传递中的能量和系统中储存的能量两大类。其中,传递中的能量,即通过系统边界传递的能量有两种——功和热量,它们不是状态参数,而是过程函数。系统储存的能量又可以细分为外部储存能和内部储存能,其中,外部储存能是指与系统整体运动和重力场有关的储存能量,如系统做整体运动所具有的宏观动能和宏观重力势能等;内部储存能是指以系统内部的状态参数来描述的能量,如系统的内能等。

二、闭口系统的热力学第一定律

能量方程是热力学第一定律的定量表达式,反映参与系统能量转换的各项能量之间的数量关系。

以气缸与活塞之间一定质量的工质组成的闭口系统(图3-1)为例进行分析:

设工质的总质量为 m kg,当工质在密闭系统中从平衡态1变化到平衡态2时,根据热力学第一定律的基本表达式,进入系统的能量为系统从热源吸收热量 Q,离开系统的能量为系统对功源做功 W,且由于系统静止,故有 $\Delta E=\Delta U$,则系统储存能的变化量为工质内能变化量 $\Delta U=U_2-U_1$。

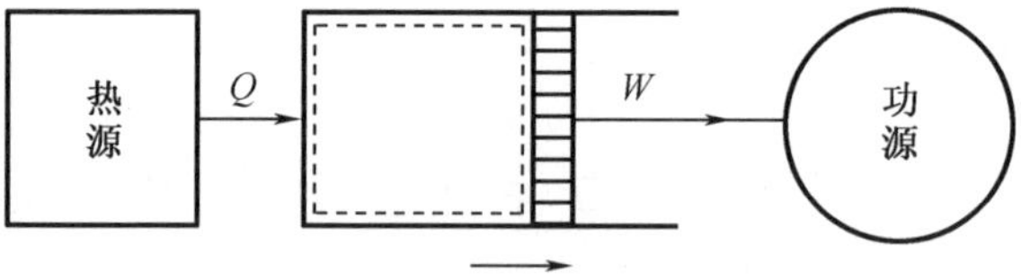

图3-1 闭口系统与外界的能量交换

根据热力学第一定律的基本表述,该系统能量间的数量关系为

$$Q-W=\Delta U \tag{3-2}$$

即

$$Q=\Delta U+W \tag{3-3}$$

对于单位质量的工质,式(3-3)可写为

$$q=\Delta u+w \tag{3-4}$$

对于一个微元过程,可写为

$$\mathrm{d}q=\mathrm{d}u+\mathrm{d}w \tag{3-5}$$

式(3-3)至式(3-5)为封闭系统热力学第一定律的三种表达式。它们说明热源加给封闭系统的热量用于系统热力学能的增加和对功源做的膨胀功,能量的总量始终保持不变。上述公式中的 q、Δu 和 w 都是代数值,其符号规定如下:

$q>0$,表示热源对系统加热;$q<0$,表示系统向热源放热。

$\Delta u>0$,表示系统比热力学能增加;$\Delta u<0$,表示系统比热力学能减少。

$w>0$,表示系统对功源做功;$w<0$,表示功源对系统做功。

式(3-3)至式(3-5)是由普遍适用的能量转换和守恒定律直接应用于封闭系统而导出的,并没有涉及可逆过程的相关性质,所以,它们对任何工质和任何过程(可逆或不可逆过程)都是适用的。

对可逆过程,因为 $\mathrm{d}w=p\mathrm{d}v$,所以封闭系统可逆过程的热力学第一定律为

$$Q = \Delta U + \int_1^2 p\mathrm{d}V \tag{3-6}$$

$$q = \Delta u + \int_1^2 p\mathrm{d}v \tag{3-7}$$

$$\mathrm{d}q = \mathrm{d}u + p\mathrm{d}v \tag{3-8}$$

三、开口系统的热力学第一定律

实际的动力设备和制冷装置，如柴油机、锅炉、汽轮机、冷凝器、压缩机等装置均有工质流入和流出。对这类设备，应当作为开口系统进行分析。在开口系统中，系统与外界存在物质交换，必须遵循质量守恒定律；工质在系统中流动时，必须遵循力学定律；工质与外界的能量交换，必须遵循能量转换和守恒定律。可见，要分析开口系统中的能量转换关系，必须同时应用上述三个定律。

一般情况下开口系统的能量转化关系极为复杂，在这里我们仅讨论位置、形状均不随时间变化且工质的流动为一元稳定流动的开口系统。所谓一元稳定流动，是指在流动过程中，各流通截面工质的质量流量相等且不随时间变化的流动。

图3-2所示为一开口系统示意图，设1 kg工质流过系统，工质在系统进口处的宏观速度为 w_{g_1}，压力、比容和比内能分别为 p_1、v_1、u_1，进口处系统的横截面积为 A_1，截面中心相对基准面的高度为 z_1；在系统的出口处，工质的宏观速度为 w_{g_2}，压力、比容和比内能分别为 p_2、v_2、u_2，出口处系统的横截面积为 A_2，截面中心相对基准面的高度为 z_2。则在此过程中，其能量分析如下。

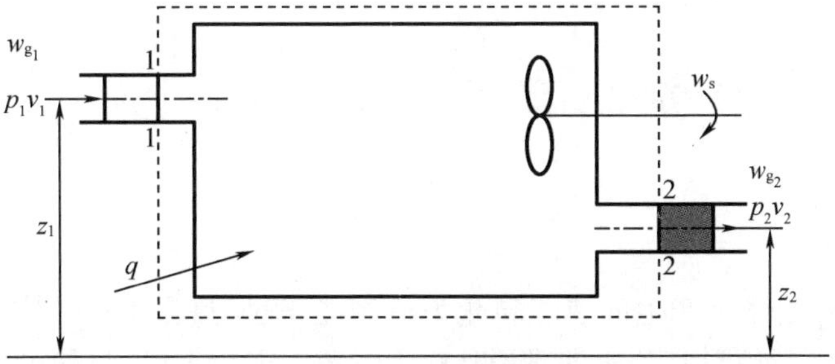

图3-2 开口系统示意图

进入系统的能量有：

工质自身所携带的能量（含内能、动能和重力势能）：

$$e_1 = u_1 + \frac{1}{2}w_{g1}^2 + gz_1 \tag{3-9}$$

工质的流动功 p_1v_1，及工质流经系统时从外界吸入的热量 q。

离开系统的能量有：

工质在流出系统时自身携带的能量（含内能、动能和重力势能）：

$$e_2 = u_2 + \frac{1}{2}w_{g2}^2 + gz_2 \tag{3-10}$$

工质的流动功 p_2v_2，及工质通过系统对外界输出的比轴功 w_s。

由于研究对象进行的是一元稳定流动，系统储存的能量不随时间改变，即系统储存能量的变化量为零。根据式(3-1)，可得

$$u_1+\frac{1}{2}w_{g1}^2+gz_1+p_1v_1+q=u_2+\frac{1}{2}w_{g2}^2+gz_2+p_2v_2+w_s \tag{3-11}$$

整理得

$$q=[(u_2+p_2v_2)-(u_1+p_1v_1)]+\frac{1}{2}(w_{g2}^2-w_{g1}^2)+g(z_2-z_1)+w_s \tag{3-12}$$

将 $h=u+pv$ 代入式(3-12),可得

$$q=[(h_2-h_1)]+\frac{1}{2}\Delta(w_g^2)+g\Delta z+w_s$$

由 $w_t=\frac{1}{2}\Delta(w_g^2)+g\Delta z+w_s$ 可得

$$q=\Delta h+w_t$$

对微元过程,则有

$$dq=dh+dw_t \tag{3-13}$$

由此,可得对 m kg 工质的方程为

$$Q=\Delta H+W_t \tag{3-14}$$

$$dQ=dH+dW_t \tag{3-15}$$

式(3-15)可以说明对于开口系统,外界传递给系统的热量用于增加流动工质的焓值及对外做技术功。对于可逆过程,有

$$q=\Delta h-\int_{p_1}^{p_2}v\,dp \tag{3-16}$$

$$dq=dh-v\,dp \tag{3-17}$$

任务2　掌握热力学第二定律

【任务描述】

柴油机将燃料燃烧所产生的热能转化为机械能,根据热力学第一定律,只要热能和机械能的总量保持恒定就可以了,也即是说从热力学第一定律来说,热能可以100%的转化为机械能,但实际船舶柴油机热能转化为机械能的效率只有40%左右,其原因应当如何理解?

【基础知识】

一、自然过程的方向性

通过大量的观察,人们发现自然界的过程都具有一定的方向性,比如摩擦生热使机械能转变为热能,热量从高温物体传向低温物体,水从高处流向低处,不同的气体相互扩散混合,这些过程能够独立的、无条件的自动进行,称为自发过程。

自发过程的逆向过程称为非自发过程,这些过程不能独立的自动进行,而是需要外界帮助作为补充条件。如水由低处流向高处,这需要消耗一定的机械能,这些机械能被转变成为热能,故水由低处流向高处即为非自发过程。

在没有补偿条件的情况下,自然界的一切过程只能朝着自发过程的方向进行,这就是自然过程的方向性。由于自然过程的方向性,热力系统的自发过程,虽然可以通过逆向的

自发过程使系统复原,但后者会给外界留下影响,无法做到热力系统和外界全部回复原状,因而不可逆是自发过程的重要特征和属性。

二、热力学第二定律的表述与实质

热力学第二定律是阐明各种热力过程进行的方向、条件及限度的定律,有多种不同的表达形式,这里只介绍两种最基本的说法。

1. 克劳修斯说法

"不可能把热量从低温物体传到高温物体,而不产生其他变化"。这一说法是克劳修斯在1850年提出的,其表明了热量传递的方向性,被人们的日常生活经验和事实所证明。当两个不同温度的物体相互接触时,热量总会从高温物体传向低温物体,从而使两物体的温度趋于均匀。

但要注意的是,这里强调的是不能"自发的、不付代价的"将热量由低温物体传递给高温物体,而将热量由低温物体传递给高温物体是可能的,但是要付出一定的代价(这一代价一般表现为一个自发过程)。如船舶冷库就是在制冷装置的作用下,将热量从冷库内零下十几度的空气传给外界常温的冷却水,但这并不违反热力学第二定律,这是因为它是花了代价的,这一代价就是在制冷装置中消耗功,并将这个功转化为热量传给冷却水。

2. 开尔文说法

"不可能从单一热源吸取热量使之完全变为有用的功,而不产生其他变化"。这一说法是开尔文在1851年提出的,其表明了热能与机械能在相互转化时的方向性。

在这一说法中,"不产生其他变化"包括对热机内部、外界环境及其他物体都不留下任何变化。在动力设备工作时,不但要有供吸热的高温热源,还要有可供放热的低温热源,使得在一部分热转变为功的同时,还有一部分热从高温热源传向低温热源。这也就使热机的热效率永远低于100%。例如在柴油机的工作过程中,高温燃气是其高温热源,设备将其中的热量的一部分转变为机械功,而同时会向大气(也就是低温热源)中放出一部分热量作为补充条件。

在热力学第二定律确定以前,有人一直想制造一种能够从单一热源(如大气、海洋)中提取热量,并将之全部转变为功而不引起其他任何变化的设备,这种设备并不违反热力学第一定律,将其称为第二类永动机。热力学第二定律则指出,热机最少要有两个热源,单一热源的热机是不可能制成的,因此热力学第二定律也可说成"第二类永动机是不可能造成的"。

要注意的是,在某些特殊情况下,我们可以将热完全转变为功,如在理想气体的定温膨胀过程中,由于 $\Delta U=0$,且膨胀过程 $W>0$,由 $Q-W=\Delta U$ 可得 $Q=W>0$,也即是说工质吸收的热量全部转变为机械功,导致了气体压力下降,体积增大,这些也称为"其他变化"。

3. 热力学第二定律的实质

热力学第二定律的两种基本表述,分别从热量的传递和热功转换两个角度分析了热力过程进行的方向性,他们在实质上是完全等效的。即能量不但有数量,而且还有品质上的区别。能量品质的高低,体现在它的转换能力上。高品质的能量能够不付代价的完全转变成低品质的能量,其转换率可以达到100%,如机械能就是比热能品质高的能量,故摩擦生热可以将机械能全部转变为热能。当机械能转变成热能时,能量的数值并没有变化,但能量的品质下降了,或者说能量贬值了,这种效应称为耗散效应。此外,即使同为热能,当它储存的热源温度不同时，它们的品质也不相同，储存较高热源的热能品质较高。当热由高温物体自动的传向低温物体时，同样也使能量的品质下降了。也就是说，自发过程是由高品质能量转化为低品质能量的过程，而非自发过程则是由低品质能量转化为高品质能量的过程。

三、热力循环

热变功是一个非自发过程，其根本途径是依靠工质的膨胀，但仅靠一个膨胀过程是不能实现连续做功的，因为任何一种膨胀过程都不可能无限的继续下去，这是因为不但工质的状态会变化到不适宜继续膨胀做功的状态（与外界达到平衡时），而且机器设备的尺寸总是有限的。因此，为了能够持续不断地将热转化为功，必须在工质膨胀之后，通过某种压缩过程回复到做功前的状态以重新获得做功的能力，以便继续对外做功，而这一系列工作均是通过热机而实现的，热机正是通过不断重复这些过程，周而复始，实现了将热能不断转换为机械能。这种工质从某一热力状态出发，经过一系列中间状态变化过程，又回到原来的热力状态的全部过程的组合，称为热力循环，简称循环。

根据循环的特性不同，有不同的分类方式。根据循环中是否含有不可逆过程，我们可以把循环分为可逆循环和不可逆循环。其中，含有不可逆过程的循环称为不可逆循环；全部由可逆过程组成的循环（不含任何不可逆因素）称为可逆循环。在状态参数坐标图上，可逆过程均表示为实线，而不可逆过程则表示为虚线。

根据循环的目的，我们可以将循环分为正向循环和逆向循环。正向循环按顺时针方向进行，如图 3－3 中 1→2→3→4→1，工质经历循环的主要目的是对外做功，故也叫动力循环。逆向循环是按逆时针方向进行的循环，如图 3－3 中 1→4→3→2→1，工质经历逆向循环的主要目的是以消耗功为代价，实现由低温物体向高温物体的传热，如循环的最终目的是降低低温物体的温度，则称为制冷循环；如循环的最终目的是提高高温物体的温度，则称为热泵循环。

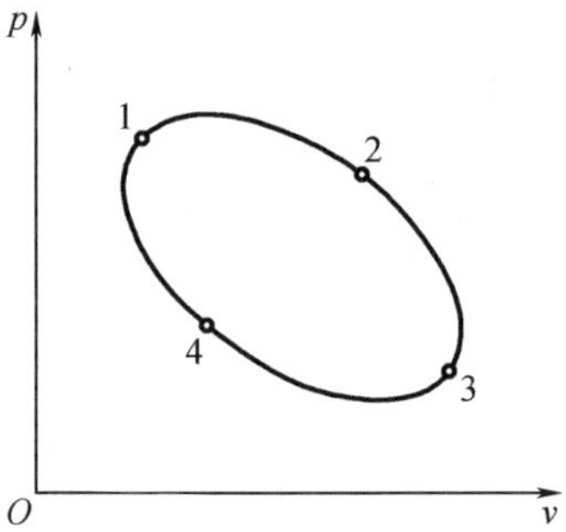

图 3－3　热力循环

在工程上，我们通常用工作系数来表示循环的经济性指标，即

工作系数＝收益/代价

对动力循环，其经济性可表达为循环的热效率 η_t，即

$$\eta_t = \frac{W}{Q_1} \tag{3-18}$$

式中，W 是一个循环过程中工质对外界做功的代数和；Q_1 是一个循环中工质从高温热源吸

取的热量。

对于制冷循环和热泵循环，其经济性则可用制冷系数 ε 和供热系数 ε_h 来衡量，有

$$\varepsilon = \frac{Q_2}{W} = \frac{Q_2}{Q_1 - Q_2} \tag{3-19}$$

$$\varepsilon_h = \frac{Q_1}{W} = \frac{Q_1}{Q_1 - Q_2} \tag{3-20}$$

式中，Q_2 是该循环从低温热源吸取的热量；Q_1 是向高温热源提供的热量；W 为消耗的功。

四、卡诺循环

热力学第二定律从原则上说明了在循环中热变功的条件（至少要有两个热源）和限度（热效率不可能达到100%）。但据此无法直接得出提高热效率的途径。由于任何不可逆因素都会引起功的损失，因而，设想工质在与热源同样的温度下定温吸热，在与冷源同样的温度下定温放热，就可以避免损失。这也正是卡诺循环的基础。

卡诺循环是"两热源间的可逆循环"，它由定温吸热、绝热膨胀、定温放热和绝热压缩四个可逆过程组成，如图 3-4 所示。

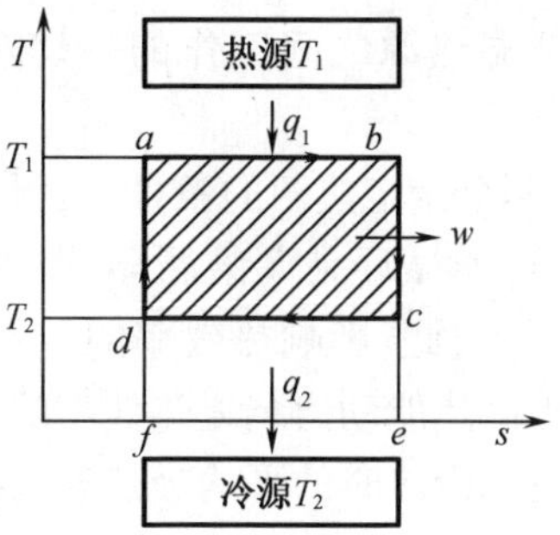

图 3-4 卡诺循环 $T-s$ 图

图 3-4 中，a—b 为工质的定温吸热过程，为保证过程的可逆性，工质温度必须等于高温热源的温度，1 kg 工质的吸热量可表示为

$$q_1 = \text{面积}\,fabef = T_1 \Delta s \tag{3-21}$$

b—c 为绝热膨胀过程，在绝热状态下由于工质的膨胀，其温度由高温热源的温度 T_1 降到低温热源的温度 T_2。

c—d 为定温放热过程，与 a—b 相同的原因，此时工质的温度必须等于低温热源的温度，1 kg 工质向低温热源放出的热量为

$$q_2 = \text{面积}\,fdcef = T_2 \Delta s \tag{3-22}$$

d—a 为绝热压缩过程。压缩导致工质的温度由 T_2 升至 T_1，完成一次循环。

将式(3-21)和式(3-22)代入式(3-18)，得

$$\eta_t = 1 - \frac{Q_2}{Q_1} = 1 - \frac{q_2}{q_1} = 1 - \frac{T_2 \Delta s}{T_1 \Delta s} = 1 - \frac{T_2}{T_1} \tag{3-23}$$

式(3-23)说明，卡诺循环的热效率只取决于高温热源的温度 T_1 和低温热源的温度 T_2，且随高温热源温度的提高、低温热源温度的降低而提高。同时，由于 $T_1 = \infty$ 或 $T_2 = 0$ 都不可能实现，因此卡诺循环的效率始终小于 1。又因为当 $T_1 = T_2$ 时，由式(3-23)可得 $\eta_t = 0$，也即是说单一热源热机是不存在的。

例如在内燃机中，工质所能达到的最高温度（也即高温热源温度）约为 2 000 ℃，排气温度（也即低温热源温度）约为 300 ℃，若以此两极限温度为卡诺循环的两个热源温度，则卡诺循环的热效率为

$$\eta_t = 1 - \frac{T_2}{T_1} = 1 - \frac{300 + 273.15}{2\,000 + 273.15} = 74.8\%$$

而对于一般的火力发电，燃烧温度约为 600 ℃，排气温度约为 25 ℃，则卡诺循环的热效率为

$$\eta_t = 1 - \frac{T_2}{T_1} = 1 - \frac{25 + 273.15}{600 + 273.15} = 65.9\%$$

显然在理论上，柴油机的热效率要高于火力发电的热效率。

五、卡诺定理及影响循环热效率的因素

卡诺定理可以由卡诺循环得到，其可表述为：

（1）在相同的高温热源和低温热源之间工作的一切可逆热机，其热效率均相等，与工作的性质无关；

（2）在相同的高温热源和低温热源之间工作的一切热机循环，以卡诺循环热效率为最高。

综合上述内容可以看出，在两个给定热源的条件下，循环的不可逆性越小，其热效率就越高；作为两热源间理想极限的可逆循环是卡诺循环，卡诺循环的热效率与工质的性质无关，只由两热源的温度唯一确定。因此，影响热效率的基本因素就是热源的温度和循环的不可逆性。我们在实际工作中提高热能动力装置热效率的基本途径可归纳为：

①尽可能提高工质从高温热源吸热时的平均吸热温度；

②尽可能降低工质向低温热源放热时的平均放热温度，尽量使其低至接近环境温度；

③尽量避免和减少过程的不可逆性，使实际循环接近可逆循环。

任务 3　分析柴油机的工作过程

【任务描述】

在前文中，我们分析了四冲程柴油机的实际工作过程，但这一过程并不是一个封闭循环，加上实际的进气、排气及燃烧过程都是不可逆过程，如何克服这些困难，将实际循环简化为理想循环，并绘制其 $p-v$ 图和 $T-s$ 图？

【基础知识】

一、动力循环的分类

动力循环是指把热能连续不断地转变为机械能的热机循环，柴油机循环、蒸汽轮机循环、燃气轮机循环等都属于动力循环。我们把燃料的燃烧过程在机器的气缸内进行的动力装置，称为内燃机，如常见的柴油机、汽油机；而燃料的燃烧过程在机器之外的燃烧室内进行的动力装置，称为外燃机，如燃气轮机、蒸汽轮机。

按照动力装置所用工质的不同,可以将动力装置分为气体动力循环和蒸汽动力循环两大类。

二、分析动力循环的一般方法

前文已经说过,实际动力循环非常复杂,因此热力学中研究动力循环的基本方法,是暂时不考虑各种不可逆因素,而把实际的工作过程抽象概括为相应的可逆理想循环进行分析,最后综合考虑各种因素对分析结果进行修正。

三、现代柴油机的实际工作循环分析

柴油机有四冲程和二冲程两种,往复式柴油机的进气、压缩、燃烧和膨胀、排气四个工作过程是由活塞在四个行程内完成的,称为四冲程柴油机,在两个行程内完成的,称为二冲程柴油机。

柴油机气缸中工质的压力随体积变化的关系可用示功图(即 $p-v$ 图)表示。图3-5所示为四冲程柴油机示功图。

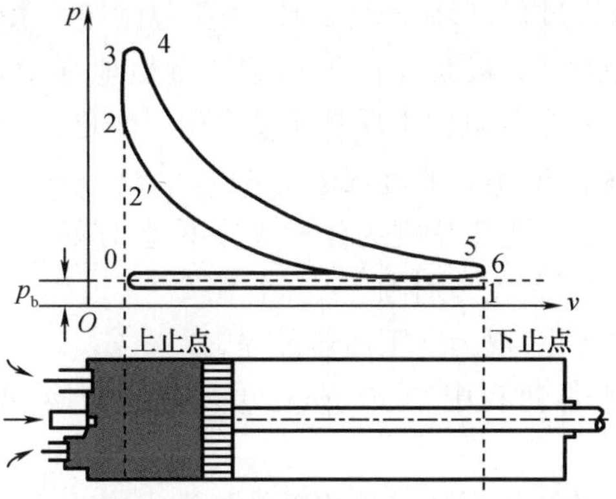

图3-5　四冲程柴油机示功图

图3-5中:0—1为吸气过程。在吸气过程中,由于阀门及气体流动时的阻力,吸入气缸内空气的压力略低于大气压力 p_b。

1—2为压缩过程。在压缩过程的前一阶段,由于新鲜空气的温度低于气缸壁的温度,空气从高温气缸壁吸热,$q>0$,此阶段的多变指数 $n>k$;随着压缩的进行,空气温度不断升高,在压缩过程的后一阶段,被压缩后的空气温度高于气缸壁的温度,则空气向气缸壁放热,$q<0$,此阶段的多变指数 $n<k$。整个压缩过程的平均多变指数 $n=1.34\sim1.37$,压缩终点时空气的压力可达3~5 MPa,温度可达600~700 ℃,高于柴油的自燃温度(约为335 ℃),燃油喷入后能自行燃烧。

2—3—4—5为燃烧膨胀过程,其中2—3—4为燃烧过程,4—5为膨胀过程。

现在柴油机通常在压缩终了前,即图中所示的2′位置时,就会启动高压油泵,将一部分柴油提前喷入气缸,当活塞运行到图中的2点位置时,这部分柴油已被高温压缩空气加热而迅速燃烧,使得气缸内气体的压力迅速上升到5~8 MPa,在这一过程中由于活塞已经接近上止点,其移动并不明显,故柴油机的这一燃烧过程接近于定容过程;活塞到达上止点(即图中3点)后,又开始向右移动,气缸容积开始增加,同时雾化的柴油随喷随烧,两者综合作用使得气缸内压力变化很少，所以 3—4 这一段过程接近于定压过程，燃烧终了时工质的温度可达 1 400 ~ 1 800 ℃；当活塞运行至 4 点时，高压油泵停止喷油，高温高压燃气推动活塞向下止点运动，进行膨胀做功。和压缩过程相类似，膨胀过程也是一个多变过程，平均多变指数 n 一般为 1.2 ~ 1.38，由于受设备的容积限制，膨胀终了时废气的压力一般为 0.25 ~ 0.45 MPa，温度约为 600 ~ 700 ℃。

5—6—0 为排气过程。柴油机在活塞运行到下止点前的 5 位置时将排气阀打开，废气由于压差作用排入大气中，气缸内压力由 0.25 ~ 0.45 MPa 迅速降至略高于大气压力，这时由于在下止点附近活塞的速度也近似为零，所以过程也接近于定容过程；到达下止点后活塞左行，把气缸中剩余的废气排出，由于存在流动阻力，6—0 这一排气过程时气缸内废气压力略高于大气压力，废气温度约为 300 ~ 500 ℃。至此，柴油机完成了一个工作循环。

四、实际过程的理想化

如上所述，内燃机从大气中吸入新鲜空气，经压缩、燃烧和膨胀做功后又排回大气，再开始下一个循环，这本身并不是一个封闭的循环，加之燃烧等各种不可逆因素的存在，使得过程难以分析。为简化分析过程，形成理想循环，需要遵循如下条件：

(1) 进、排气过程相互抵消，将柴油机工作循环近似地视为封闭循环；由于进气过程 0—1 和排气过程 6—0 中，只是气缸内工质的质量发生了变化，工质的状态和热力参数几乎没变，取消这两个对热效率影响不大的过程。

(2) 略去喷入燃油的质量，把工质视为化学成分不变、比热为定值的理想气体。

(3) 把燃烧过程看作是外界对气体加热，并忽略 2—3 过程容积变化，视为定容加热过程，忽略 3—4 过程的压力变化，视为定压加热过程。

(4) 略去压缩过程和膨胀过程中工质与气缸壁的热量交换，视为多变指数为 1.4 的绝热过程。

(5) 忽略 5—6 过程容积变化，由于已经将系统视为闭口系统，故用放热过程代替排气过程，将这一过程视为工质在定容条件下从膨胀终点开始放热，直至压缩始点以完成一个循环。

(6) 忽略实际过程中的摩擦阻力及进、排气阀的速度损失等不可逆因素，将循环的所有的过程均视为可逆过程。

完成上述简化后，可得柴油机的理想循环的 $p-v$ 图和 $T-s$ 图，如图 3-6 所示。

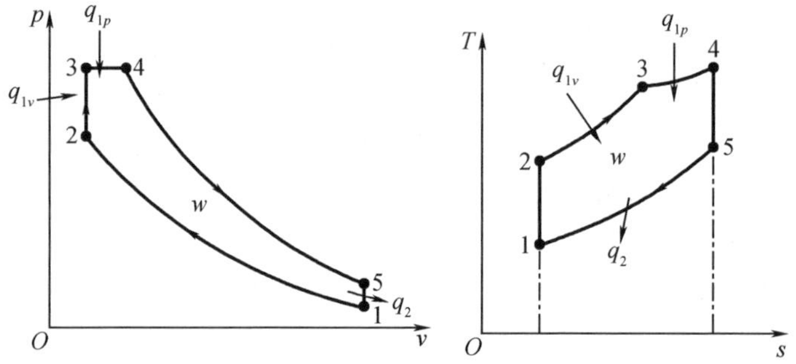

图 3-6　柴油机混合加热循环的 $p-v$ 图和 $T-s$ 图

注：1—2 为柴油机的绝热压缩过程；2—3 为柴油机的定容吸热过程；3—4 为柴油机的定压吸热过程；4—5 为柴油机的绝热膨胀过程；5—1 为柴油机的定容放热过程。

由于该循环中既包含定容加热过程，也包含定压加热过程，故该循环也称为柴油机的混合加热理想循环。

五、其他典型设备的理想循环

1. 早期柴油机的理想循环——定压加热理想循环

现代四冲程柴油机是在压缩终了前就开始喷油燃烧，并且在燃烧过程中有燃油持续喷入，这一过程一直持续到上止点之后的某个位置，在上止点之前形成定容燃烧过程，上止点之后形成定压燃烧过程。而早期柴油机由于转速很低，都是应用压缩空气将燃油射入气缸中，使之分散成雾状，受气缸中的压缩空气加热而燃烧，由于喷油压力较低，喷油速度较慢，雾化程度较差，故喷入的柴油需要经过一个较长的时间才能开始燃烧，此时活塞已经离开上止点，进入边喷油边燃烧的过程，也即定压燃烧过程。将该设备的实际循环进行理想化处理，由于循环中无定容燃烧过程，故称为定压加热理想循环，也称为狄塞尔（Diesel）循环。其 $p-v$ 图和 $T-s$ 图如图 3-7 所示。

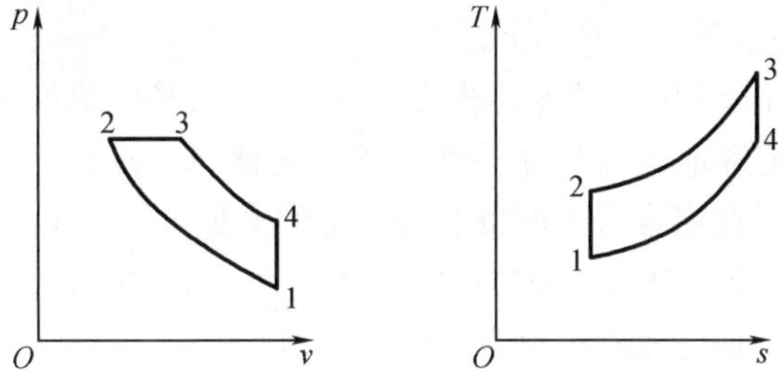

图 3-7　定压加热理想循环的 $p-v$ 图和 $T-s$ 图

注：1—2 为绝热压缩过程；2—3 为定压加热过程；3—4 为绝热膨胀过程；4—1 为定容放热过程。

2. 汽油机的理想循环——定容加热理想循环

汽油机的特点是先在气缸外部将汽油和空气充分混合，通过化油器形成油气混合物，混合物被吸入气缸，经压缩后在上止点前由火花塞点火而迅速燃烧。这种设备由于燃油是在压缩前被一次性吸入气缸，故在燃烧的过程中无法补油，也即是说，该设备可以实现提前点火，存在定容燃烧过程，而没有补油燃烧，也即没有定压燃烧过程，将该设备的实际循环进行理想化处理，得到的循环称为定容加热理想循环，也称为奥拓（Otto）循环，其 $p-v$ 图和 $T-s$ 图如图 3-8 所示。

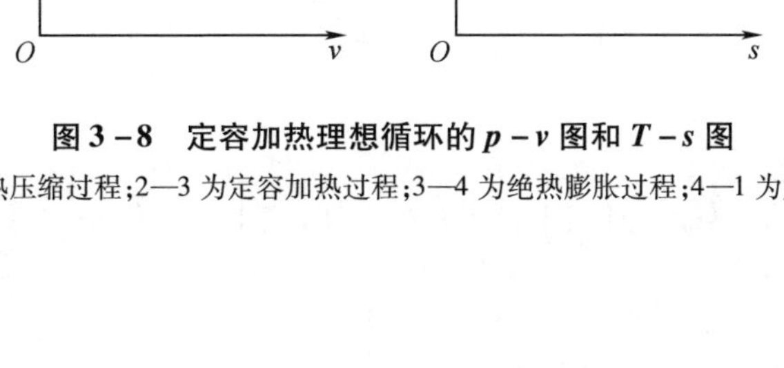

图 3-8　定容加热理想循环的 $p-v$ 图和 $T-s$ 图

注：1—2 为绝热压缩过程；2—3 为定容加热过程；3—4 为绝热膨胀过程；4—1 为定容放热过程。

任务4 气体动力循环的经济性分析

【任务描述】

目前,节能降耗成为人们的共识。船舶是一个能耗大户,而船舶上对燃油需求量最大的就是船舶的主、辅机。这些被消耗的燃油,有多大比例会被转换成设备的有用功?不同的设备,其在不同的工作条件下的热效率有何差别?又应当怎样提高设备的经济性以做到节能减排?

【基础知识】

一、内燃机的特性参数及混合加热理想循环

表征内燃机特性的参数主要有如下三个。

(1)压缩比:压缩前与压缩后的比体积之比,$\varepsilon = v_1/v_2$,是反映气缸容积的结构参数。

(2)定容升压比:定容加热后与加热前的压力之比,$\lambda = p_3/p_2$,它是反映定容加热量多少的特性参数,其说明了在定容阶段设备的耗油量的多少。

(3)定压预胀比:定压加热后与加热前的比体积之比,$\rho = v_4/v_3$,它是反映定压加热量多少的特性参数,其说明了在定压阶段设备耗油量的多少。

定容升压比和定压预胀比结合在一起,即反映了内燃机的供油规律。

对于前文所说的柴油机的混合加热理想循环,其主要过程的状态参数的变化情况有:

对绝热压缩过程1—2,也即是定熵过程,有

$$T_2 = T_1\varepsilon^{k-1};p_2 = p_1\varepsilon^k$$

对定容燃烧过程2—3,可视为定容加热过程,有

$$\frac{T_3}{T_2} = \frac{p_3}{p_2} = \lambda$$

$$p_3 = p_2\lambda = p_1\lambda\varepsilon^k;T_3 = T_2\lambda = T_1\lambda\varepsilon^{k-1};v_2 = v_3$$

对定压燃烧过程3—4,可视为定压加热过程,有

$$p_4 = p_3 = p_1\lambda\varepsilon^k;T_4 = T_3\rho = T_1\lambda\rho\varepsilon^{k-1}$$

对绝热膨胀过程4—5,也为定熵过程,有

$$\frac{T_5}{T_4} = \left(\frac{v_4}{v_5}\right)^{k-1}$$

对定容放热过程5—1,有

$$v_5 = v_1$$

将上述各式分别代入绝热膨胀过程的表达式,则可

$$\frac{T_5}{T_4} = \left(\frac{v_4}{v_5}\right)^{k-1} = \left(\frac{v_4}{v_1}\right)^{k-1} = \left(\frac{v_4 v_2}{v_1 v_3}\right)^{k-1} = \left(\frac{\rho}{\varepsilon}\right)^{k-1}$$

故有

$$T_5 = T_4\left(\frac{\rho}{\varepsilon}\right)^{k-1} = T_1\varepsilon^{k-1}\lambda\rho\left(\frac{\rho}{\varepsilon}\right)^{k-1} = T_1\lambda\rho^k$$

同理，可得

$$p_5 = p_4\left(\frac{\rho}{\varepsilon}\right)^k = p_1\lambda\rho^k$$

综上所述，在内燃机的理想循环中，只要各点的 T 及 p 确定之后，其热力状态就已经完全确定了，其余的状态参数均可根据相应的热力学函数求得。各典型点的状态参数值，不仅可以作为循环经济性分析的依据，还有重要的参考价值，如循环的最高温度和最高压力，在影响循环经济性的同时，还决定循环的安全性。

二、混合加热理想循环的经济性分析

如图 3－6 所示，柴油机的混合加热理想循环中，工质从高温热源的总吸热量 q_1 为定容过程 2—3 的吸热量 q_{1v} 与定压过程 3—4 的吸热量 q_{1p} 之和，其中：

$$q_{1v} = c_v(T_3 - T_2)$$

$$q_{1p} = c_p(T_4 - T_3)$$

故有

$$q_1 = q_{1v} + q_{1p} = c_v(T_3 - T_2) + c_p(T_4 - T_3) \tag{3-24}$$

工质向低温热源的总放热量为定容放热过程 5—1 的放热量，故有

$$q_2 = c_v(T_5 - T_1) \tag{3-25}$$

则整个热机循环的效率 η_t 为

$$\eta_t = \frac{w}{q_1} = \frac{q_1 - q_2}{q_1} = 1 - \frac{q_2}{q_1} = 1 - \frac{c_v(T_5 - T_1)}{c_v(T_3 - T_2) + c_p(T_4 - T_3)} \tag{3-26}$$

代入内燃机的特性参数，并引入绝热系数 $k = \frac{c_p}{c_v}$（k 值取 1.4），则可得：

$$\eta_t = 1 - \frac{1}{\varepsilon^{k-1}} \cdot \frac{\lambda\rho^k - 1}{(\lambda - 1) + k\lambda(\rho - 1)} \tag{3-27}$$

由式（3－27）可以看出，柴油机混合加热理想循环的热效率 η_t 为压缩比 ε、定容升压比 λ 和定压预胀比 ρ 三个特性参数的函数。

1. 压缩比对热效率的影响

由式（3－27）可以看出，在保持 λ、ρ 不变（即单位质量加热量不变，热量分配比例不变）的情况下，提高压缩比 ε 可以提高设备的热效率。我们同样可以用 $T-s$ 图来证明这一结论。

如图 3－9 所示，循环 123451 和循环 12′3′4′5′1 的总加热量和热量分配均未发生改变，也即过程线 2—3 线下面积等于过程线 2′—3′线下面积，过程线 3—4 线下面积等于过程线 3′—4′线下面积，且就整体而言，有面积 $2'3'4'b'a2'$ = 面积 $234ba2$，由于压缩比增大，压缩终温升高，故 4′点上移且左移，所以使得平均吸热温度升高而平均放热温度降低，面积 $5'1ab'5'$ < 面积 $51ab5$，即循环放热量 q_2 减少，因此由热效率的基本公式 $\eta_t = 1 - \frac{q_2}{q_1}$ 可知，当 q_2 减少而 q_1 不变时，热效率 η_t 提高。

由于柴油机气缸中压缩的是空气，在压缩过程中不可能自行燃烧，故柴油机在理论上可以取得很大的压缩比 ε。但是由于目前柴油机的压缩比 ε 已经达到了较高的水平，进一步提高压缩比 ε，热效率 η_t 的提高并不显著，如图 3－10 所示；同时，柴油机的压缩比 ε 过

大，会使压缩终点的压力 p_2 和气缸内最高压力 p_5 过高，引起柴油机各部件受力增加，为保证设备的正常运行必须采用较为粗大的机件，使运动部件的磨损增加，设备笨重。故现代柴油机的压缩比通常为 12～22。

在船舶的实际工作中，我们可以通过增减垫片的方法来改变柴油机的压缩比，但为保证设备的正常工作，垫片的厚度一般较小，对设备的压缩比的改变也可以忽略不计，实际中很难通过改变压缩比的办法来改变柴油机的热效率。

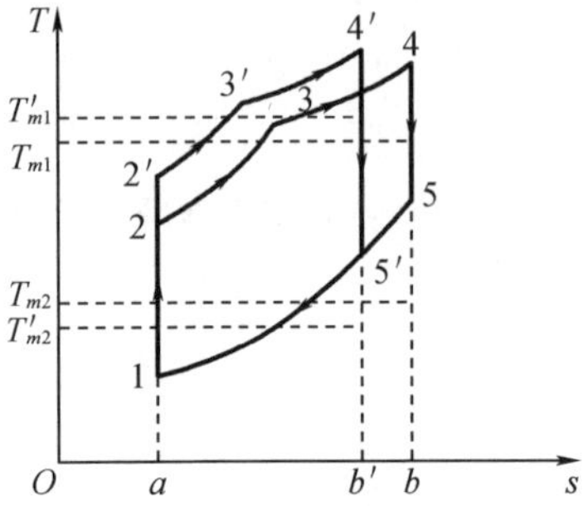

图 3-9　压缩比 ε 对效率 η_t 的影响

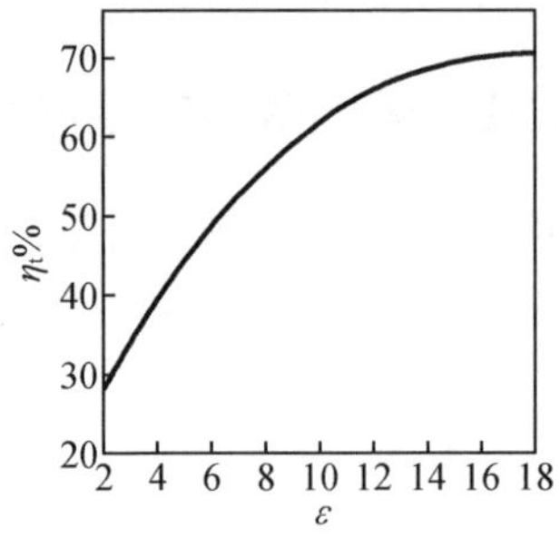

图 3-10　混合加热循环热效率 η_t 随 ε 变化曲线

2. 增大定容升压比、减少定压预胀比对热效率的影响

由式(3-27)还可以看出，在保持压缩比 ε 不变的情况下，增大定容升压比 λ、减少定压预胀比 ρ 也可以使设备的热效率提高，关于这一点我们同样可以用 $T-s$ 图加以证明。

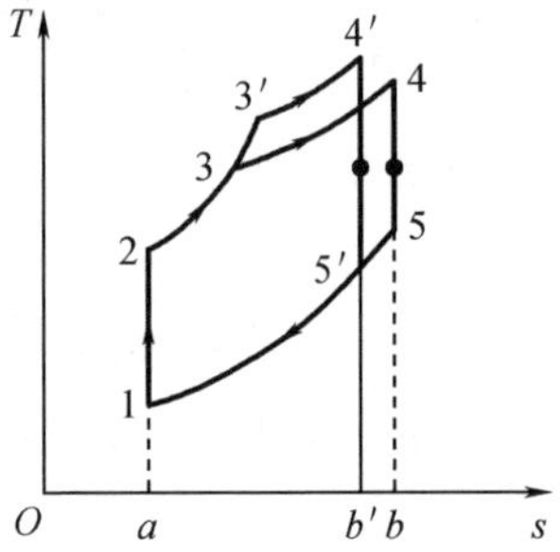

图 3-11　增大定容升压比、减少定压预胀比对效率 η_t 的影响

如图 3-11 所示，循环 123′4′5′1 较循环 123451 增大了定容升压比 λ，减少了定压预胀比 ρ，也即增大了定容加热量(图中 2—3′线下面积大于 2—3 线下面积)，减少了定压加热量(图中 3′—4′线下面积小于 3—4 线下面积)，在其总加热量 q_1 不变(图中面积 23′4′$b'a$2 = 面积 234ba2)的情况下，放热量 q_2 减少了(图中面积 5′1ab'5′ < 面积 51ab5)，由基本公式 $\eta_t = 1 - \frac{q_2}{q_1}$ 可知，当 q_2 减少而 q_1 不变时，热效率 η_t 提高。反之，增加定压预胀比，减少定容升压比，则会降低热效率。

因此，从经济性的角度来说，在组织燃烧过程时，应尽可能增加定容燃烧部分的比例，减少定压部分的比例。在船舶工作中，我们可以通过修改喷油定时来实现这一要求。但是，定容加热量比例过大，则会导致设备的最高压力和最高温度过高，引起柴油机各部件的受力过大和过热，设备的运行平稳性变差进而影响设备的使用寿命。因此，必须在确保安全性的前提下提高设备的定容加热量以提高经济性。

三、定容加热理想循环和定压加热理想循环的经济性分析

1. 定容加热理想循环(汽油机)的经济性分析

对于定容加热理想循环,由于其没有定压过程,故可视为混合加热理想循环在定压预胀比 $\rho = 1$ 时的特例,由式(3-27)可得定容加热理想循环的热效率为

$$\eta_t = 1 - \frac{1}{\varepsilon^{k-1}} \tag{3-28}$$

由式(3-28)可以看出,定容加热循环的热效率 η_t 与压缩比 ε 和绝热指数 k 有关,其中,绝热指数 k 为定值($k=1.4$),故循环的热效率 η_t 随压缩比 ε 的增大而提高。但是,由于汽油机吸入的是汽油与空气的混合物,具有可燃性,故在高温下会发生未经点火而自燃的现象,这种自燃称为“爆燃”。它是不可控制的,不仅会降低热效率,而且还会影响机器的正常运行及寿命。设备的压缩比越高,则其温度也就越高,“爆燃”的风险也就越大,因此用提高压缩比 ε 的方法虽然可以提高汽油机的热效率,但也不宜过高,允许值一般为 $\varepsilon = 6 \sim 10$。

2. 定压加热理想循环(早期柴油机)的经济性分析

对于定压加热理想循环,由于其没有定容过程,故可以看作混合加热理想循环在定容升压比 $\lambda = 1$ 时的特例,由式(3-27)可得定容加热理想循环的热效率为

$$\eta_t = 1 - \frac{1}{\varepsilon^{k-1}} \cdot \frac{\rho^k - 1}{k(\rho - 1)} \tag{3-29}$$

由式(3-29)可以看出,定压加热循环的热效率 η_t 随着压缩比 ε 的提高、定压预胀比 ρ 的减小而增加。但定压加热理想循环的效率提高也要受到设备的制约。这是因为定压加热循环中机器所受最高压力是长期存在的,过于追求热效率会使设备的最高压力和温度都有较大幅度的提高,为此必然导致零件笨重、摩擦损失增加,所以对于高增压柴油机和汽车用高速柴油机,必须限制其循环的最高压力和温度。

四、不同条件下内燃机三种循环的热效率比较

为了找出在给定条件下,哪种循环的经济性最好,我们分别在压缩比相同和最高压力相同时,对内燃机的三种理想循环的热效率进行比较。

在内燃机的实际工作中,循环的开始设备总是从大气中吸入新鲜空气,故其循环的初始点一定相同,这是比较的基础。同时,在充分燃烧的情况下,单位质量的燃油燃烧产生的热量也是不变的。

1. 在加热量 q_1 和压缩比 ε 不变时的比较

如图3-12所示,123_v4_v1 为定容加热理想循环,123_m4_m1 为混合加热理想循环,123_p4_p1 为定压加热理想循环。其中,初始点均为1点,压缩比 ε 不变,也即过程线1—2不变;加热量 q_1 相同,即

$$\text{面积 } a123_v4_vb_va = \text{面积 } a123_m4_mb_ma = \text{面积 } a123_p4_pb_pa$$

由图可知,由于

$$\text{面积 } a14_vb_va < \text{面积 } a14_mb_ma < \text{面积 } a14_pb_pa$$

即放热量 q_2 各不相同,有

$$q_{2v} < q_{2m} < q_{2p}$$

由热效率公式 $\eta_t = 1 - \frac{q_2}{q_1}$,在 q_1 不变的情况下,q_2 越小则效率越高,故三种理想循环热

效率之间的关系为：$\eta_{t,v} > \eta_{t,m} > \eta_{t,p}$。

2. 在最高压力 p_{max} 和最高温度 T_{max} 不变时的比较

在某些情况下，内燃机的机械负荷和热负荷的增大，要受到内燃机结构和材料的制约，也就使之成为内燃机热效率提高的重要制约因素。其中，机械负荷的大小主要取决于系统的最高压力 p_{max}，热负荷的大小主要取决于系统的最高温度 T_{max}，当循环的最高压力和最高温度一定时，三种循环的 $T-s$ 图如图 3－13 所示，图中 12_m3451 为混合加热循环；12_v451 为定容加热循环；12_p3451 为定压加热理想循环。

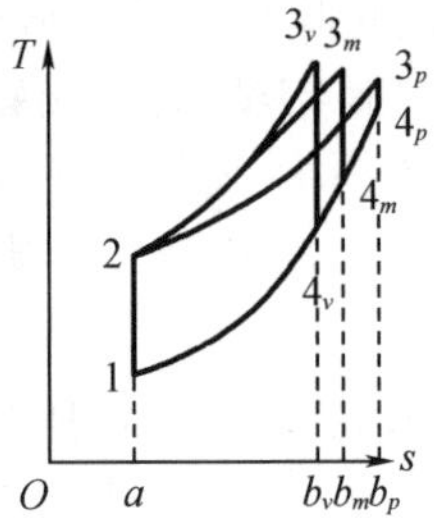

图 3－12　在压缩比和加热量一定时三种理想循环的比较

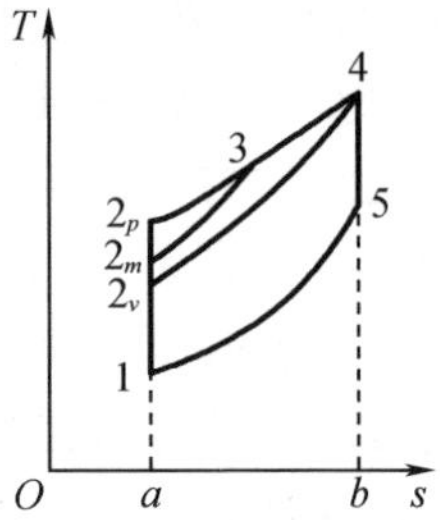

图 3－13　在循环最高压力和最高温度一定时

在这三种循环中，起始点 1 不变，同时由于最高温度和最高压力不变，故 4 点位置也保持不变。由于 1—5 线下的面积 $15ab1$ 不变，可得放热量 q_2 相等。由图 3－13 中可以看出：

$$\text{面积 } a12_p345ba > \text{面积 } a12_m345ba > \text{面积 } a12_v45ba$$

即其吸热量 q_1 的关系为

$$q_{1p} > q_{1m} > q_{1v}$$

由热效率公式 $\eta_t = 1 - \dfrac{q_2}{q_1}$，在 q_2 不变的情况下，q_1 越大则效率越高，故三种理想循环热效率之间的关系为：$\eta_{t,p} > \eta_{t,m} > \eta_{t,v}$。

可见，在 p_{max} 和 T_{max} 一定时，定压加热循环的压缩比和热效率最高，定容加热循环的压缩比和热效率最低。

这三种循环还可以在其他条件（如在循环的最高压力 p_{max} 和加热量 q_1 一定的情况下）比较其热效率，可以得到这样的结论：在压缩比相等的情况下，定容加热循环具有较高的热效率；其他情况则定压加热循环具有较高的热效率；而混合加热循环总介于两者之间。

五、提高柴油机功率的主要途径

内燃机由于其具有较高的热效率和较轻的单位功率质量等优点，被广泛地应用于船舶、汽车等领域。随着现代船舶装载能力和航速的提高，对内燃机的功率要求也在不断提高，但由于受到气缸容积等因素的限制，故提高单位气缸体积的做功能力是增加内燃机功率的重要方向。

设内燃机气缸工作容积为 V_s m^3，气缸中每循环所用的工质为 m kg，则每一循环工质对活塞作的总功为 mw J，图 3－14 是内燃机理想循环示功图，所围面积数值即为循环总功 mw J，则单位气缸体积在每一循环中做的功为

$$p_t = \frac{mw}{V_s}\ \text{N/m}^2 \tag{3-30}$$

式中，p_t 的单位与压力的单位相同，为 Pa，称为内燃机理想循环的平均压力。在图 3－14 中，以内燃机气缸工作容积 V_s 为底做一矩形，使该矩形的面积等于图中循环 123451 所围成的面积，则该矩形的高就是 p_t 的数值。可见，当 V_s 一定时，p_t 越大则面积越大，意味着循环对外做的净功也就越多，故此，平均压力 p_t 代表的是单位气缸容积的做功能力，p_t 值越大，说明内燃机的动力性能越好。

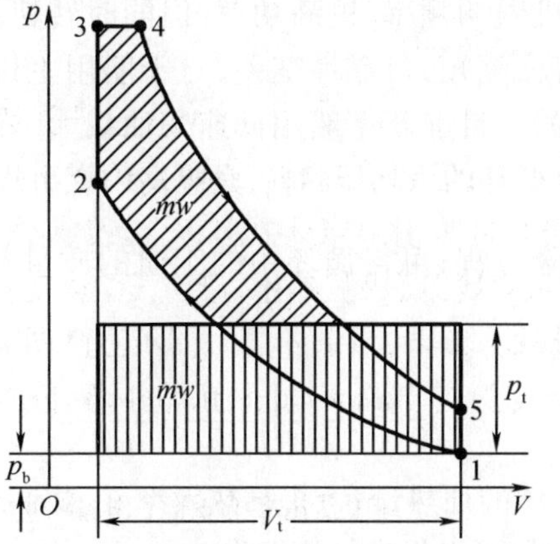

图 3－14 内燃机理想循环的 p－v 图与平均压力

内燃机气缸中的工质在单位时间内对活塞做的功，称为指示功率，用符号 N_i 表示，单位为瓦（W）或千瓦（kW）。

根据平均压力 p_t 的值，内燃机每个气缸中的工质在每一工作循环中对活塞所做的功为

$$W = mw = p_t V_s = p_t \frac{\pi D^2}{4} S \tag{3-31}$$

式中 D——气缸直径，m；

S——冲程长度，m；

V_s——活塞排量，$V_s = \frac{\pi D^2 S}{4}$，$m^3$。

若内燃机每分钟的转数为 n，冲程数为 τ（二冲程内燃机，$\tau = 2$；四冲程内燃机，$\tau = 4$），则每秒钟完成的工作循环数为 $\frac{2n}{60\tau}$。因此，缸数为 i 的内燃机理想循环的整机指示功率 N_i 为

$$N_i = p_t V_s \frac{2ni}{60\tau} = p_t \frac{\pi D^2 S}{4} \frac{2ni}{60\tau} \tag{3-32}$$

指示功率只能反映内燃机的做功能力，但是内燃机所做的功要最终通过曲轴对外输出，还要考虑活塞与气缸、曲轴与轴承之间的摩擦损失，以及带动配气机构、水泵、油泵等所消耗的能量，我们把从内燃机轴上输出的功率，称为有效功率，用符号 N_e 表示，单位为瓦（W）或千瓦（kW）。有效功率的数值要小于指示功率，有效功率与指示功率之比为机械效率，用符号 η_e 表示。则有

$$\eta_e = \frac{N_e}{N_i} \tag{3-33}$$

由式（3－32）可以看出，内燃机的指示功率 N_i 随缸数 i、转速 n、活塞排量 V_s 和平均压

力 p_t 的增加，以及冲程数 τ 的减少而提高。

增加缸数、气缸直径、冲程长度及减少冲程数，都可以提高内燃机的功率。但是，这些参数改变的幅度受到多种因素的限制，如缸数、活塞排量和冲程数均受内燃机种类和尺寸的制约，如以往的直列柴油机气缸数一般不超过12缸，这时再增多缸数时，为使曲轴的质量保持在易于控制的水平上，还必须将曲轴分段制造，在技术上存在较大难度；而内燃机转速虽然可以增加以增大内燃机做功频率，提高功率，但同时转速增加会使磨损增加和内燃机的惯性力增加，使内燃机寿命缩短，可靠性变差，对于船用主机还受到螺旋桨效率的限制，因而这种方法也是有限度的。目前新型船用低速柴油机大多还要降低转速以获得更高的经济性。因此，提高内燃机循环的平均压力 p_t，是提高内燃机指示功率 N_i 的主要途径。

由理想气体的克拉贝隆方程，可得循环中的工质的质量 $m=\dfrac{p_1V_s}{RT_1}$，单位质量的循环功 $w=q_1\eta_t$，代入式(3－30)得

$$p_t=\frac{mw}{V_s}=\frac{p_1V_sq_1\eta_t}{RT_1V_s}=\frac{p_1q_1\eta_t}{RT_1} \tag{3-34}$$

可见，增加单位质量气体的加热量 q_1、提高热效率 η_t、提高压缩始点气体的压力 p_1 和降低压缩始点气体的温度 T_1，均可以提高平均压力 p_t。

但是，由于内燃机的气缸容积一定，在吸气过程中所能吸入的空气量也就为一个定值，为了使喷入的燃油完全燃烧，喷油量一定，在充分燃烧的情况下所能释放的热量也就保持不变，因此 q_1 基本不变；热效率 η_t 的提高又受到循环特性参数及设备结构的限制，也是基本不变的，因此影响 p_t 的主要因素就是压缩始点的压力 p_1 和温度 T_1。提高 p_1、降低 T_1，则空气密度增加，循环空气量增多，就允许喷入更多的燃油，从而加热量 Q_1 增大，循环功 mw 增多。因此提高压缩始点气体的压力 p_1 和降低压缩始点气体的温度 T_1 是提高平均压力的有效方法。

现代船用柴油机一般是通过废气涡轮增压器来提高柴油机的平均压力 p_t 以提高柴油机的经济性和功率。其基本原理是采用专门的压缩机(如废气涡轮增压器)，先将空气由大气压力压缩到较高的压力，再经过空气冷却器降低空气的温度，然后送入柴油机气缸。目前，增压柴油机的功率已经达到非增压柴油机的300%。

【知识拓展】

一、燃气轮机的结构及工作原理

燃气轮机也是一种以空气和燃气为工质的热动力设备。如图3－15所示为最简单的燃气轮机装置，由压气机1、燃烧室2和燃气轮机3共三部分组成，分别供工质进行压缩、燃烧和膨胀做功之用。空气首先进入轴流式压气机1，压缩到一定压力后送入燃烧室2，同时燃油泵将燃油喷入燃烧室与压缩空气混合燃烧，获得温度高达1 800～2 300 K的高温燃气，并与另一部分空气混合降温至适当温度，然后进入燃气轮机3中膨胀做功，最后排到大气中去，由此可见，燃气轮机的实际循环也是开式的不可逆循环。

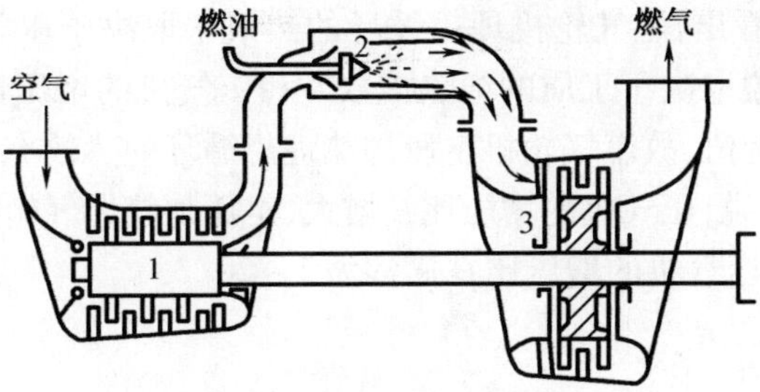

图 3－15 燃气轮机装置简图

相较于传统的内燃机，燃气轮机有着自己独特的优点。首先，燃气轮机没有曲柄连杆机构，不会受到惯性力的限制，因而可以获得较高的转速，质量也低于同功率的往复式内燃机；其次，不同于往复式内燃机气体只能在气缸内膨胀，受气缸尺寸的限制，燃气轮机内的气体可以充分膨胀直至压力略高于大气压力，从而减少了高压废气所造成的损失。

当然，燃气轮机也存在着自身的缺点。由于燃气轮机是在高温燃气下连续工作，会导致燃气轮机的叶片，特别是靠近燃气进口处的叶片温度急剧升高，因此进入第一排叶片的燃气温度要受到叶片材料耐热强度的限制，这就使得燃气轮机装置工作循环的最高温度和热效率都要低于往复式内燃机。但是，随着科学技术的发展，金属的耐热性和叶片的冷却技术不断提高，使得燃气的初温可以大幅度提高，燃气轮机的热效率也在不断增加。目前，燃气轮机装置在航空器、舰船、机车等领域都有较为广泛的应用。

二、燃气轮机的定压加热理想循环

根据燃气轮机装置的循环工作特性，经理想化之后，可以视为是由四个基本热力过程组成的理想循环，如图 3－16 所示，其中，1—2 为压气机中的绝热压缩过程；2—3 为燃烧室中的定压加热过程；3—4 为燃气轮机中的绝热膨胀过程；4—1 为大气中的定压放热过程。这一理想循环称为燃气轮机的定压加热理想循环，也叫布雷顿循环。

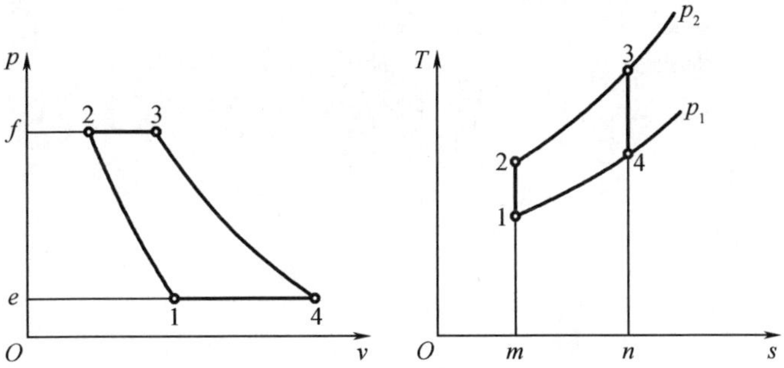

图 3－16 定压加热燃气轮机装置理想循环的 $p-v$ 图和 $T-s$ 图

三、燃气轮机理想循环的热效率及其影响因素

由图 3－16 中的 $T-s$ 图可得，循环对外输出的净功 w 等于图中 12341 面积，而循环从高温热源吸取的热量 q_1 为 $23nm2$ 面积，故其热效率可表达为

$$\eta_t=\frac{w}{q_1}=\frac{\text{面积 }12341}{\text{面积 }23nm2} \qquad (3-35)$$

由式(3－35)可以看出,燃气轮机理想循环的热效率取决于压气机中绝热压缩的初态温度和终态温度,或者说取决于工质的绝热指数 k 和压气机的增压比 β 的大小。由于燃气轮机的工质 $k=1.4$ 为定值,故燃气轮机定压加热理想循环的热效率主要取决于压气机的增压比 β 的大小。一般来说,压气机的增压比 β 增大,定压加热燃气轮机装置的理想循环的热效率 η_t 也增大。目前,压气机的增压比 β 通常为 5～20。

四、柴油机的增压

目前,燃气轮机在货船上的应用并不是很多,但常用的废气涡轮增压器和燃气轮机的工作原理基本相同。所谓增压,就是用提高气缸进气压力的方法,使进入气缸的空气密度增加,从而可以增加喷入气缸的燃油量,以提高内燃机的平均压力。目前柴油机的增压系统主要有机械增压、废气涡轮增压和复合增压三种形式。

机械增压是指增压器直接由柴油机驱动而提高进气压力,显然这种增压形式将消耗柴油机的有效功率,并且随着增压压力的提高,柴油机所消耗的功率也随之增大,因此机械增压只适用于增压压力小于 0.15 MPa 的低增压柴油机;废气涡轮增压是指利用柴油机排出的废气吹动涡轮机(在这一点上可以把涡轮机看作是燃气轮机,但不对外做功),由涡轮机带动增压器,显然,这种增压形式可以从废气中回收部分能量,不仅提高了柴油机的功率,还提高了动力装置的经济性,因而获得广泛应用;复合增压是指既采用涡轮增压、又采用机械增压的一种联合增压形式。

由于空气在增压器中被压缩时压力和温度是同时升高的,而在前面内燃机的经济性分析中,我们知道增加进气压力、降低进气温度可以提高内燃机的热效率,所以这就影响了空气密度的增加和增压的效果。因此,在增压器后都设有中冷器以降低空气温度,提高空气密度。通常船舶中冷器都是以海水来冷却的。中冷的另一个作用是降低柴油机的循环平均温度。目前,增压柴油机已在船上广泛采用。

项目4 蒸汽动力装置能耗分析

学习目标：

1. 掌握水蒸气的相关概念（蒸发、沸腾；凝结；饱和状态、饱和温度、饱和压力；未饱和液体、饱和液体、湿蒸汽、干饱和蒸汽、过热蒸汽等）；

2. 掌握水的定压汽化过程并能够绘制水蒸气的 $p-v$ 图和 $T-s$ 图，并能说出水蒸气"一点二线三区五态"的含义；

3. 掌握确定水的各种状态所需的参数；

4. 掌握以水蒸气作为工质的卡诺循环；

5. 掌握蒸汽动力装置的基本组成和工作原理；

6. 掌握蒸汽动力装置的朗肯循环；

7. 掌握蒸汽动力装置的汽耗率及提高经济性的方法。

任务1 水蒸气的制备

【任务描述】

工业革命的标志就是蒸汽机的发明与使用。在工业上，早期的动力设备都是以水蒸气作为工质的，由于其与现代动力设备的工质不同，所用的循环和机器设备与气体动力循环有很大的差别。气体动力循环的工质处于远离液态的稀薄状态，在分析时可以视为理想气体，但在工作中很难实现定温吸热和定温放热过程；而蒸汽动力装置中的工质为水蒸气，其离液态较近，在分析时只能视为实际气体，在一个循环中存在汽液两种状态的转化，可以实现定温吸热与放热。同时，由于水蒸气不能像空气那样参与燃料的燃烧过程，只能通过专门的设备（锅炉）实现由外界热源对工质的加热过程，是一种典型的"外燃机"，因此蒸汽动力循环可以利用各种燃料，如核燃料和劣质燃料等，这样不但可以提高整个装置的经济性，而且能够适应新技术的要求，蒸汽动力装置成为现代电力生产最主要的热动力装置，也是大型船舶的主要动力装置。那么，水是如何转变成水蒸气的？影响水蒸气获取的因素有哪些？水蒸气有哪些特性？

【基础知识】

一、水蒸气的基本概念

在某些特定的情况下，如柴油机柴油燃烧后产生的水蒸气和空气中的水蒸气，都处于远离液态的稀薄状态，在分析中可以近似地视为理想气体；但在大多数情况下，如蒸汽动力装置和热交换装置中的水蒸气，由于其离液态较近，容易发生汽液互化，故必须视为实际气体。

1. 汽化与液化

汽化是指物质由液态转化为气态的过程,它有两种基本方式,即蒸发与沸腾。蒸发是指在任意温度下都能进行的、只发生在液体表面的平缓汽化现象;而沸腾则是指给定压力进而在特定温度下,在液体的内部和表面同时进行的剧烈汽化现象,这一特定温度就称为在给定压力下的沸点。不论是蒸发还是沸腾,汽化过程都需要吸收热量。

蒸发现象在生活中较为常见,如湿衣服的晾干,就是衣服上的水分蒸发至空气中的过程。但蒸发过程进行的速度较慢,不能满足工业上对水蒸气的需求,故工业上所用的水蒸气一般都是以沸腾的方式获得的。

与汽化过程相反,物质由气态转变为液态的过程称为液化或凝结。在一定压力下,蒸汽的冷凝温度与液体的沸点相等。液化过程是一个放出热量的过程。

2. 饱和温度和饱和压力

在蒸发过程中,液体在不停的做着不规则的热运动,不同的分子其移动动能也不相同,总有部分分子的移动动能大到可以克服水的表面张力而散逸到液体的上部空间,从而液体的分子数减少,宏观表现为液体总量减少;同时,液体中分子动能大的分子逸出后,剩余液体分子的平均动能减少,也就使得在宏观上,液体的温度降低,为维持液体的温度不变,则需要外界对液体加热,这也就使得液体中始终可以保持一批动能足够大的分子。所以当液体的温度保持不变时,在单位时间内从液体表面逸出的分子数保持不变。但与此同时,液面上方空间里的蒸汽分子总有可能碰撞液面而返回液体,也即凝结过程也在伴随着蒸发过程而进行。如果液体处于一个密闭容器内,则液面上部空间中的蒸汽分子数目不断增加,蒸汽压力升高,单位时间内返回液体中的气体分子数也在不断增加,当单位时间内从液面散逸出的分子数等于返回液面的分子数时,其蒸汽的量和液体的量也就不再变化而达到一个动态的平衡。这种处于两相动平衡的状态称为饱和状态,此时液体和气体具有相同的温度,这一温度称为饱和温度,用 t_s 表示,此时相应的蒸汽压力称为饱和压力,用 p_s 表示。

由以上分析可知,当液体达到饱和状态后,如果升高温度,则液体分子的动能增加,逸出速度加快,故汽化速度会大于液化速度,直至达到新的平衡。也就是说,对应于某一定的饱和温度,必有一定的饱和压力,饱和温度越高,对应的饱和压力也越高,二者一一对应。饱和温度和饱和压力也就是我们所说的沸点和沸点对应的压力,例如我们既可以说在一个标准大气压下纯水的沸点为 100 ℃,也可以说当纯水的饱和压力为 1 个标准大气压时,饱和温度为 100 ℃。

我们把处于饱和状态的蒸汽称为饱和蒸汽,而处于饱和状态的液体称为饱和液体,两者的混合物称为湿饱和蒸汽,简称湿蒸汽;如仅有饱和蒸汽而无饱和液体则称干饱和蒸汽;如液体的温度低于饱和温度则称为未饱和液体。

二、水的定压汽化过程

工程上为获得水蒸气,一般要在锅炉中对水进行定压加热,下面我们首先分析水的定压汽化过程。为确保实验过程为严格的定压过程,我们采用如图 4 - 1 所示的实验装置,将 1 kg 的水装在一个上部活塞可以自由运动但不漏气的密闭容器中,则此时容器内部的压力就等于外界对活塞的压力,通过调整重物的质量,可以使容器内的压力保持为 $p = 0.101\ 325$ MPa,初始温度为 $t_0 = 0$ ℃。根据国际通用规定,我们认为水在 0.000 611 2 MPa、0.01 ℃的状态下比熵为零,在此状态下,水的比内能视为 0 kJ/kg,比体积为 $v' = 0.001\ 000\ 22\ \mathrm{m^3/kg}$,比焓为

$$h = u + pv' = 0 + 0.000\,611\,2 \times 10^{6} \times 0.001\,000\,22 \times 10^{-3} = 0.000\,611 \approx 0\ \mathrm{kJ/kg}$$

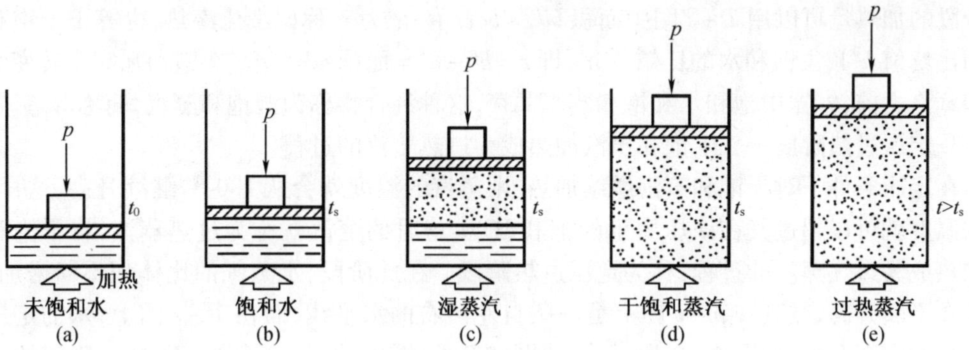

图4-1 水的定压汽化过程

一般来说，只要压力小于4 MPa，则0 ℃水的比熵均可认为其等于0，故水在上述状态时的状态点，在 $p-v$ 图和 $T-s$ 图上以点 a 表示，如图4-2所示。

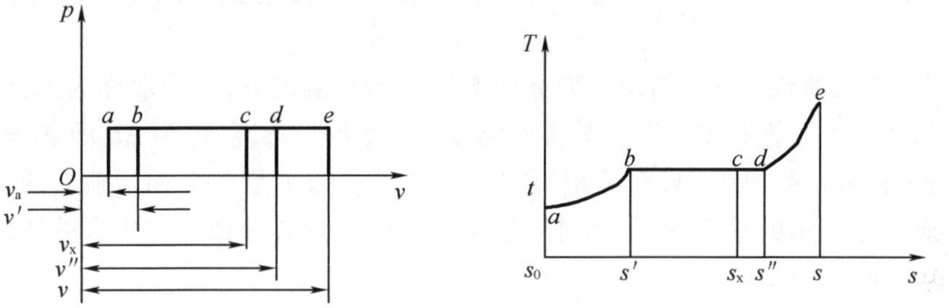

图4-2 在 $p-v$ 图和 $T-s$ 图上的水定压汽化过程

在定压加热过程中，水共经历了如下三个阶段。

1. 定压预热阶段——未饱和水加热成为饱和水的过程

在开始定压加热时，水的温度低于其同压力下的饱和温度（也即水温低于该压力下水的沸点），这样的水称为未饱和水，也叫过冷水。由于受热膨胀，水的比体积略有增加，在 $p-v$ 图上表现为水的定压加热线自左向右水平移动；与此同时，水的温度也不断升高，故在 $T-s$ 图上，水的定压加热线自左向右升高。当水温上升到100 ℃时，水就开始沸腾，这一温度就是在压力 $p=0.101\,325$ MPa 时的饱和温度。这种处于饱和温度下的水就是饱和水。除 p、t 外饱和水的比状态参数均在其右上角标“′”。从开始定压加热至水达到饱和状态，这一过程称为定压预热阶段，即图4-2所示 $p-v$ 图和 $T-s$ 图中的 a—b 阶段。在这一过程中，外界给水的热量可用 $T-s$ 图中面积 $abs's_0a$ 来表示，记为 q_l，称比液体热，也等于水在刚达到饱和时的比焓值 h' 减去水在过程开始时的比焓值 h_0，即 $q_l = h' - h_0$。

2. 定压汽化阶段——饱和水加热成为干饱和蒸汽的过程

在定压的条件下对饱和水继续加热，就会使其逐渐汽化而转变为水蒸气，液态水不断减少而气态的水蒸气量则不断增加，在这一过程中，水和水蒸气的温度都保持在100 ℃不变。由于在同温同压的条件下，水蒸气的比焓值远远大于液态水的比焓值，这一过程在 $p-v$ 图和 $T-s$ 图上都是一个自左向右的水平线。当容器中最后一滴水刚变为蒸汽时，蒸汽的温度仍为饱和温度，这时的蒸汽称为干饱和蒸汽，简称饱和蒸汽。除 p、t 外，干饱和蒸汽的比状态参数均在其右上角标“″”。从液态水达到饱和开始加热至水转变为干饱和蒸汽，这一过程称为定压汽化阶段，即图4－2所示$p-v$图和$T-s$图中的b—c—d阶段。在这一阶段的加热量可以用$T-s$图中面积$bds''s'b$表示，记为r，称比汽化潜热，也等于干饱和蒸汽的比焓值h''减去饱和水的比焓值h'，即$r=h''-h'=$面积$bds''s'b$。在饱和水完全转变为干饱和蒸汽之前，容器中饱和水和饱和蒸汽共存，这种混合物称为湿饱和蒸汽，简称湿蒸汽。

3. 定压过热阶段——干饱和蒸汽加热成为过热蒸汽的过程

在定压条件下对干饱和蒸汽继续加热，则蒸汽的温度就会从100 ℃继续升高，这样，蒸汽的温度就可以超过其在该压力下的饱和温度，这时的蒸汽就称为过热蒸汽，将干饱和蒸汽加热成为过热蒸汽的过程，称为定压过热阶段。在此阶段，水蒸气的比体积不断增加，温度也在不断升高，故其在$p-v$图上是一条自左向右的水平线，而在$T-s$图上，水的定压加热线自左向右升高，如图4－2所示$p-v$图和$T-s$图中的d—e阶段。在这一阶段的加热量在$T-s$图上可用面积$dess''d$表示，记为q_{sup}，称比过热热，也等于过热蒸汽的比焓值h减去干饱和蒸汽的比焓值h''，即$q_{sup}=\int_{t_s}^{t}c_p\mathrm{d}t=h-h''=$面积$dess''d$。

综上所述，水在定压条件下通过上述三个阶段转变为过热蒸汽，水共经历了五种状态，即：

(1)未饱和水：水温t低于给定压力p所对应的饱和温度t_s，这种水称为未饱和水或过冷水，水在该压力下的饱和温度减去其实际温度称为水的过冷度，记为Δt，即$\Delta t=t_s-t$。处于平衡态的未饱和水是单相(只有液相)均匀系统，其p和T是两个相互独立的状态参数。因此，要确定未饱和水的状态，必须同时知道p和T两个状态参数。由于水的压缩性很小，因而压力p对v、u、h、s影响不大。

(2)饱和水：温度t等于给定压力p所对应的饱和温度t_s的水(不含水蒸气)，这种水即为饱和水。饱和水是处于平衡态的单相(只有液相)均匀系统，其p和T是两个不相互独立的状态参数，也就是说，只要知道p或T中的任意一个参数，就可以确定饱和水的状态。

(3)干饱和蒸汽：温度t等于给定压力p所对应的饱和温度t_s的水蒸气(不含水)，这种蒸汽称为干饱和蒸汽，简称饱和蒸汽。与饱和水相似，干饱和蒸汽也是处于平衡态的单相(只有汽相)均匀系统，其p和T是两个不相互独立的状态参数，而且只要知道一个状态参数就可确定干饱和蒸汽的状态。

(4)湿蒸汽：它是饱和水和饱和蒸汽的混合物，是由饱和水转变为干饱和蒸汽的中间状态，其温度t仍然等于给定压力p所对应的饱和温度t_s。湿蒸汽是处于平衡态的双相(液相和汽相)非均匀系统，其中饱和水的比体积远小于饱和蒸汽的比体积，其余比状态参数(比热力学能、比焓和比熵)也是如此。因此，这些比状态参数在汽液两相的界面上发生突变。湿蒸汽的p和T也不是两个相互独立的状态参数，其中的饱和水和饱和蒸汽的状态，如上所述只要用一个状态参数就可分别确定。但要确定湿蒸汽的状态，还必须给定其中饱和蒸汽与饱和水所占的比例。工程上通常给出湿蒸汽的干度x，它表示1 kg湿蒸汽中含x kg饱和蒸汽，$(1-x)$kg饱和水。因此，湿蒸汽的比体积可用式(4－1)表示。比热力学能、比焓和比熵的计算公式可以此类推。

$$v_x=xv''+(1-x)v' \tag{4-1}$$

(5)过热蒸汽：蒸汽温度t高于给定压力p所对应的饱和温度t_s，这种蒸汽称为过热蒸汽，水的实际温度减去其在该压力下的饱和温度称为水的过热度，记为Δt_1，即$\Delta t_1=t-t_s$。处于平衡态的过热蒸汽是单相(只有汽相)均匀系统。同未饱和水类似，过热蒸汽的p和T

是两个相互独立的状态参数，因此要确定过热蒸汽的状态，必须同时知道 p 和 T 两个状态参数。

三、水蒸气的 $p-v$ 图和 $T-s$ 图

在 $0.000\,611\,2\ \text{MPa} \leqslant p < 22.115\ \text{MPa}$ 范围内，用其中任一给定压力，对水进行定压加热汽化，可在 $p-v$ 图和 $T-s$ 图上画出一系列定压加热线。它们全都经历上述五种状态和三个阶段，如图 4-3 所示。

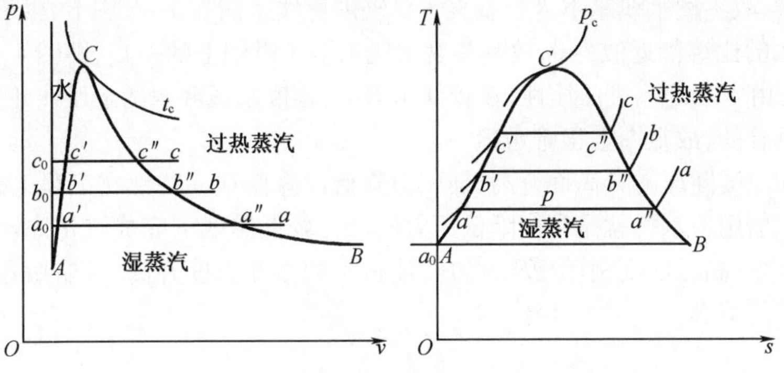

图 4-3 水蒸气的 $p-v$ 图和 $T-s$ 图

由图可以看出，在 $p-v$ 图上，随着压力的升高，饱和水的体积略有增加，即 a'、b'、c' 点依次右移；而干饱和蒸汽的体积则随压力的升高而有较大幅度的降低，即 a''、b''、c'' 点依次左移，且降低幅度要远远大于饱和水体积增加的幅度，这是因为在压力升高的同时，水的饱和温度同时升高，液体的体积受温度的影响大于受压力的影响，而蒸汽的体积受压力的影响大于受温度的影响。

把不同压力下的饱和水状态点连接起来，可得水蒸气 $p-v$ 图和 $T-s$ 图中的饱和水线，也称下界线，如图 4-3 中的 AC 线，沿此线干度 $x=0$。

把不同压力下的干饱和蒸汽状态点连接起来，可得水蒸气 $p-v$ 图和 $T-s$ 图中的干饱和蒸汽线，也称上界线，如图 4-3 中的 BC 线，沿此线干度 $x=1$。

饱和水线和干饱和蒸汽线的交点称为临界点，临界点的状态参数称为临界参数，不同的物质有不同的临界点和临界参数，这取决于物质的性质，而水的临界参数为：

$$p_\sigma = 22.115\ \text{MPa} \quad t_\sigma = 374.12\ ℃ \quad v_\sigma = 0.003\,147\ \text{m}^3/\text{kg}$$

由 $T-s$ 图可以看出，线段 $a'a''$ 的长度大于 $b'b''$ 大于 $c'c''$，这意味着随着压力升高，比汽化潜热减少，而比液体热增加，当压力达到 $p_c = 22.115\ \text{MPa}$ 时，饱和水状态点和干饱和蒸汽状态点重合，这意味着在这一压力下，水的比汽化潜热为零，汽化过程是在一瞬间完成的。

临界温度是液态的最高饱和温度，如果实际温度高于临界温度，则液态水不可能存在，只能存在过热蒸汽，而且在这种情况下，也无法通过单纯加压的方法使之液化。也就是说，不可能存在 500 ℃的水，只会存在 500 ℃的水蒸气。同样，临界压力则是最高的饱和压力，高于临界压力时，则不会有定压汽化过程，加热水可直接变为过热蒸汽。

在 $p-v$ 图和 $T-s$ 图中，由饱和水线和干饱和蒸汽线把整个平面分成了三个区间，即：

未饱和水区：它位于饱和水线左侧的一个较狭窄的范围内。

湿蒸汽区：它位于饱和水线与干饱和蒸汽线之间。

过热蒸汽区：它位于干饱和蒸汽线的右侧（在 $T-s$ 图上包括 C 点上方的所有区域）。过热蒸汽的压力越低，或过热度（$t-t_s$）越高，其热力性质就越接近理想气体。

综上所述，水的相变过程在 $p-v$ 图和 $T-s$ 图上所表示的规律可以归纳为一点（临界点）、两线（饱和水线和干饱和蒸汽线）、三区（未饱和水区、湿蒸汽区和过热蒸汽区）和五态（未饱和水、饱和水、湿饱和蒸汽、干饱和蒸汽和过热蒸汽）。

除此之外，我们还可以在 $p-v$ 图上连接各个压力下的 0 ℃水的状态点，得零度水线，如图 4-3 的 $p-v$ 图中 a_0b_0 线所示。由于液体压缩性极小，不同压力下温度相同的水具有基本相等的比容，故零度水线基本为一垂直于横轴的直线。而在 $T-s$ 图上，由于不同压力下，处于 0 ℃的水的比熵都近似为 0，故其零度水线重合于纵轴上的一点，即图 4-3 的 $T-s$ 图中的 a_0 点，且由于水的不可压缩性，在较低压力下，零度水线和水的定压线几乎是靠在一起并与下界线重合的，故在图上很难看出。

蒸汽饱和温度随压力升高而升高、随压力降低而降低这一特性在工程上有着较为广泛的应用。例如船用造水机就是利用降低压力使水在较低温度下完成汽化，避免温度较高时产生大量的水垢；高压锅则利用增压的方法使得水的饱和温度升高，可缩短煮饭时间，又可用于医疗器械的消毒。

任务 2　蒸汽动力装置的组成及工作原理分析

【任务描述】

在项目的第一个任务中，我们介绍了蒸汽动力装置的组成和基本工作过程。由于蒸汽动力装置中作为工质的水蒸气不能视为理想气体，故其设备结构和工作循环都明显区别于气体动力循环。那如何对蒸汽动力装置的工作循环进行分析，其理想循环和经济性又该如何判定？本次任务主要解决这些问题。

【基础知识】

一、水蒸气表和 $h-s$ 图

1. 水蒸气表

水蒸气不同于理想气体，它不满足理想气体状态方程。按实验所得的水蒸气的状态方程较为复杂，不适于工程中的实际计算，因此其相关参量一般根据相应的水蒸气表查得。水蒸气表分为饱和水与饱和水蒸气表（可分为按温度排列和按压力排列两种），以及未饱和水与过热水蒸气表。

在饱和水和饱和水蒸气表中饱和水和饱和蒸汽的参数分别用上标“′”和“″”表示，根据已知温度（压力），可以查得相应的饱和压力（或饱和温度）、饱和水和干饱和蒸汽的比容、比焓、比熵和汽化潜热等参数。

对于湿蒸汽，则可通过已知温度（压力），从饱和水和饱和蒸汽表中查得饱和水和干饱和蒸汽的相应参数，由给定的干度 x 按如下公式进行计算：

$$v_x = xv'' + (1-x)v' \tag{4-2}$$

$$h_x = xh'' + (1-x)h' \tag{4-3}$$

$$s_x = xs'' + (1-x)s' \tag{4-4}$$

在未饱和水与过热水蒸气表中，可以直接查出未饱和水和过热蒸汽相应的比容、比焓和比熵。

一般情况下，水蒸气表都没有列出相应状态比内能 u 的值，这不仅是因为这个参数在工程上不常使用，而且即使的确需要这个数值，也可按比焓 h 的定义式 $h=u+pv$ 来计算其比内能 u 的值。

对于饱和水、饱和水蒸气或湿蒸汽，可根据已知的压力 p_s（或已知的温度 t），由饱和水与饱和水蒸气表查得该压力下的（或该温度下的）饱和温度 t_s（或饱和压力 p_s）、饱和水的比容 v'、比焓 h'、比熵 s'，以及饱和水蒸气的比容 v''、比焓 h''、比熵 s''，由下式计算出该饱和水或饱和水蒸气的比内能：

$$u' = h' - p_s v' \tag{4-5}$$

$$u'' = h'' - p_s v'' \tag{4-6}$$

若为湿蒸汽，再根据给定的干度 x 由下式计算出该湿蒸汽的比内能 u_x：

$$u_x = xu'' + (1-x)u' \tag{4-7}$$

对于未饱和水或过热水蒸气，可根据已知的压力 p 和温度 t，从未饱和水与过热水蒸气表中查出该未饱和水与过热水蒸气的比容 v、比焓 h，由下式计算其比内能 u 的值：

$$u = h - pv \tag{4-8}$$

2. 水蒸气的 $h-s$ 图

水蒸气表可以查出水和水蒸气的状态参数，以便于对过程或循环进行分析计算。但由于表格中的数据是非连续的，在使用中经常需要用到直线内插法，使用较为麻烦。故在热工计算中应用较为广泛的是以焓为纵坐标、以熵为横坐标的 $h-s$ 图，如图 4-4 所示。

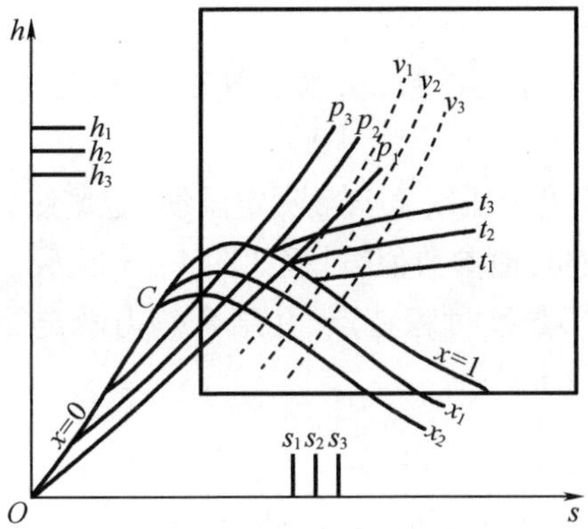

图 4-4　水蒸气 $h-s$ 图

水的 $h-s$ 图主要包含饱和水线（$x=1$）、干饱和蒸汽线（$x=0$）、临界点 C 及定焓线、定熵线、定压线、定温线、定容线，此外，在湿蒸汽区，还有定干度线。

（1）定压线。

如图 4-4 中 p_1、p_2、p_3 所示即为定压线，其斜率在数值上等于水的温度，由于在水的定压预热阶段，温度是逐渐升高的，即定压线的斜率也随之增大，因而定压线在图中为向上凹曲的曲线；在定压汽化阶段，由于饱和温度不变，因而在湿蒸汽区定压线为直线；在定压过热阶段，由于过热蒸汽温度不断升高，因而在过热蒸汽区定压线又成为向上凸曲的曲线。

此外,由于压力升高时,对应的饱和温度也随之升高,所以在 $h-s$ 图上定压线束向右上方呈发散状。

(2)定温线。

如图4-4中 t_1、t_2、t_3 所示即为定温线。在湿蒸汽区,定温线与定压线重合;在过热蒸汽区,随定压加热的进行,过热蒸汽温度不断升高,此时定压线不再是定温线。在此区域内,定温线以干饱和蒸汽线为起点向右上方穿过一系列压力逐渐降低的定压线而延伸。也即是说,定温线在湿蒸汽区为直线,在过热蒸汽区为向右上凸曲的曲线,而且在定温下,压力越低,水蒸气越接近理想气体,因为理想气体的比焓仅为温度的单值函数,故其定温线向右方低压区趋于水平线。

(3)定干度线。

定干度线是湿蒸汽区不同定压线上干度 x 相同的状态点的连线。定干度线束,包括 $x=0$ 饱和水线和 $x=1$ 干饱和蒸汽线,是从临界点 C 出发、向右下方呈发散状的曲线簇。

由于在实际工作中,热机内工作的水蒸气干度一般大于0.5,故实用的水蒸气的 $h-s$ 图只绘出图4-4中右上方用黑框标出的部分。

二、水蒸气的基本热力过程

我们要分析蒸汽动力装置在其工作过程中的能量转化,就要分析循环中工质状态的变化过程,但是因为蒸汽的性质复杂,不存在简单的状态方程,更没有像理想气体那样的一些简单公式便于分析和计算,故对水蒸气的热力过程的分析和计算方法与理想气体热力过程的分析和计算方法不完全相同,一般是利用水蒸气表和 $h-s$ 图进行计算。但分析的目的一致,就是确定水蒸气在初态和终态的状态参数,以及工作过程中热量、膨胀功、技术功、焓、熵等变化情况。其基本步骤为:

(1)根据已知初态的两个独立参数,由水蒸气表或水蒸气的 $h-s$ 图查出其他初态参数值。

(2)根据过程条件(过程沿定压线、定容线、定温线、定熵线)和终态的一个参数值,确定终态点的位置,并查出终态的其他参数值,过程如图4-5所示。

(3)根据上步所查出的参数及过程特点,并结合热力学定律计算工质与外界交换的功和热量等,其所用计算公式如下:

定容过程

$$w_v = \int_1^2 p\mathrm{d}v = 0$$

$$w_{t,v} = -\int_1^2 v\mathrm{d}p = v(p_1 - p_2)$$

$$q_v = u_2 - u_1 = h_2 - h_1 - v(p_2 - p_1)$$

定压过程

$$w_p = \int_1^2 p\mathrm{d}v = p(v_2 - v_1)$$

$$w_{t,p} = -\int_1^2 v\mathrm{d}p = 0$$

$$q_p = h_2 - h_1$$

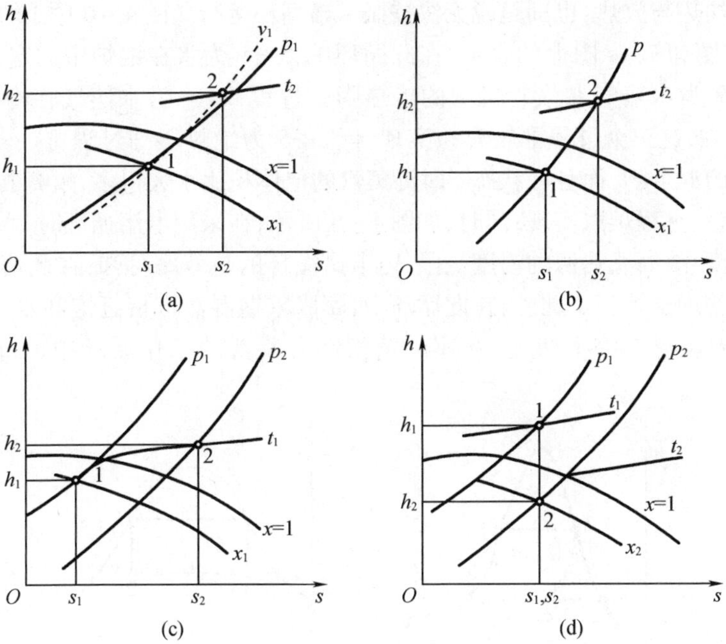

图4-5 水蒸气的热力过程

(a)定容过程;(b)定压过程;(c)定温过程;(d)绝热过程

定温过程

$$w_T = q - \Delta u = T(s_2 - s_1) - (h_2 - h_1) + p(v_2 - v_1)$$

$$w_{t,T} = q - \Delta h = T(s_2 - s_1) - (h_2 - h_1)$$

$$q = \int_1^2 T\mathrm{d}s = T(s_2 - s_1)$$

绝热过程

$$w_s = u_1 - u_2 = (h_1 - v_1 p_1) - (h_2 - v_2 p_2)$$

$$w_{t,s} = h_1 - h_2 \quad q_s = 0$$

在实际工作中,一些过程往往都近似的视为基本热力过程。如蒸汽动力装置中,水在锅炉中的加热过程、冷凝器中水蒸气的凝结过程都可近似地视为定压过程;而蒸汽在蒸汽轮机中的做功过程及水泵的压缩过程则均可视为绝热过程。

三、水蒸气作为工质的卡诺循环

热力学第二定律证明了在相同温度的高温热源和低温热源间工作的一切循环,以卡诺循环的热效率最高。但在气体动力循环中,工质可视为理想气体,实际很难实现定温加热与放热,且在 $p-v$ 图上,定温与绝热过程线的相差不大,使得卡诺循环所做的功并不大,因此在实际上难以采用。而在以水蒸气作为工质的动力循环中,首先由于在工质的汽液转化和液汽转化过程中,只要保持压力不变,其温度自然也就保持不变,这就使得定温加热与定温放热成为可能。同时,由于此时定温过程也即定压过程,在 $p-v$ 图上,定温与绝热过程线的斜率相差也较大,故工质在此循环中就有较大的做功能力,这就解决了上述的两个困难,故以水蒸气作为工质时,在原则上可以采用卡诺循环。但如果水蒸气进入过热区时,则也很难保证定温加热与放热，也即是说无法按照卡诺循环运行。图 4 - 6 中 12c51 为水蒸气卡诺循环在 $p-v$ 图和 $T-s$ 图上的表示，在此循环中，5—1 为水在锅炉中的定温（也是定压）加热过程，1—2 为水蒸气在汽轮机中的绝热膨胀过程，2—c 为水蒸气在冷凝器中的定温（定压）放热过程，这三个过程都较容易实现，但 c—5 为绝热压缩过程，这一过程由于压缩对象为水与汽的混合物，而且在状态 c 时湿蒸汽的比体积比水大得多，故需要比水泵大得多的压缩机，且这一过程难以实现；同时，如图 4 - 6 所示，在采用卡诺循环时，水蒸气的温度也应低于临界温度，故高温热源的温度受限，由卡诺循环的热效率可知，在此情况下卡诺循环无法获得足够的理论效率。此外，在此循环中，膨胀末期湿蒸汽接近饱和水，易发生液击现象，不利于动力设备。综上所述，在实际蒸汽动力装置的工作循环中，一般不采用卡诺循环。

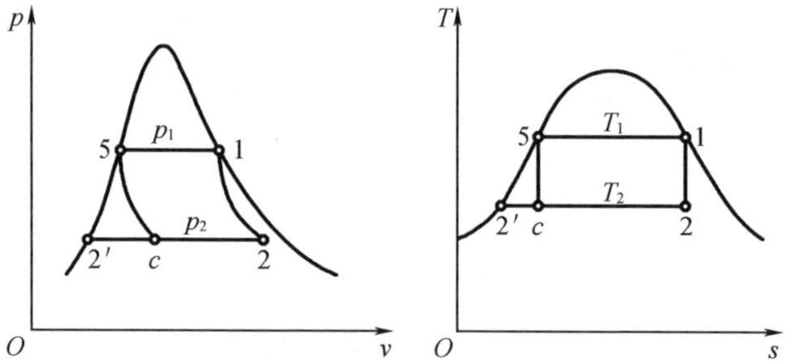

图 4 - 6　水蒸气卡诺循环在 $p-v$ 图及 $T-s$ 图上的表示

四、蒸汽动力装置的理想循环——朗肯循环

简单的蒸汽动力装置结构示意图如图 4 - 7 所示，其理想循环——朗肯循环的 $p-v$ 图和 $T-s$ 图如图 4 - 8 所示。图 4 - 7 中 B 为锅炉，燃料在锅炉中燃烧并对水进行加热，使水由未饱和水在压力 p_1 下定压加热汽化成为饱和蒸汽；S 为过热器，其对饱和蒸汽在压力 p_1 下进行定压加热，使饱和蒸汽转变为过热蒸汽，其热力过程如图 4 - 8 中过程 4—5—6—1 所示。高温高压的过热蒸汽被送入汽轮机中，在这里绝热膨胀并推动叶片转动对外做功，如图中过程 1—2 所示。在此过程中，由过热器来的温度为 t_1、压力为 p_1 的过热蒸汽（又称新汽）绝热膨胀到 p_2；从汽轮机中排出的废气在冷凝器中保持压力 p_2 定压向冷却水放热，从而凝结为饱和水，如图中过程 2—3 所示，这一过程不但是定压过程，同时也是一个定温过程。凝结的作用一方面是使蒸汽重新凝结为洁净的水，以便重复使用；另一方面是维持较低的排汽压力 p_2 以使工质可以在较高的温度下完成凝结。凝结后的水进入给水泵 P 被绝热压缩，压力升高后成为未饱和水再次进入锅炉 B 完成循环，如图中过程 3—4 所示。在压缩过程中，水的压力由冷凝器中凝结水的压力 p_2 升高到锅炉压力 p_1。需要注意的是，在该过程的 $p-v$ 图中，过程 3—4 近似于一条垂直线，$T-s$ 图上点 3 与点 4 几乎重合，图 4 - 8 中 $T-s$ 图的两点间的距离是故意夸大的。

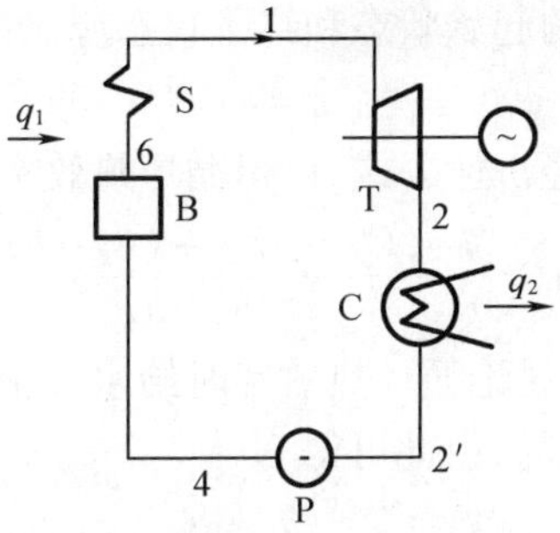

图 4－7 蒸汽动力装置示意图

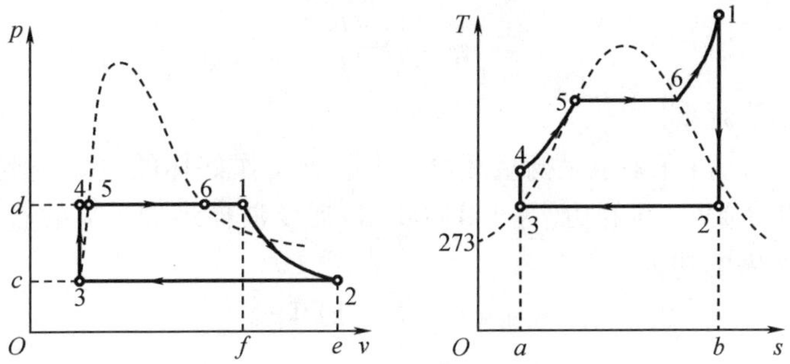

图 4－8 水蒸气的朗肯循环在 $p-v$ 图及 $T-s$ 图上的表示

与往复式蒸汽机相比，汽轮机中的蒸汽流动是连续的、高速的，单位面积中能通过的流量大，因而能发出较大的功率；大功率汽轮机可以采用较高的蒸汽压力和温度，故热效率较高。

五、朗肯循环的经济性分析

1. 朗肯循环的热效率

由图 4－8 可以看出，将整个循环视为可逆循环时，在 $p-v$ 图上，单位质量的新蒸汽在绝热流经汽轮机时，在理论上做出的功 w_{T1}，即比技术功为

$$w_{T1}=h_1-h_2=p-v\text{ 图上面积 }12cd1$$

这些工质被冷凝成为液态水流经给水泵时，水泵消耗的比轴功为（取绝对值）

$$w_{T2}=h_4-h_3=p-v\text{ 图上面积 }34dc3$$

而这些工质在一个循环中从锅炉和过热器中吸收的热量为

$$q_1=h_1-h_4=T-s\text{ 图上面积 }4561ba4$$

这些工质在一个循环中经冷凝器中向冷却水放出的热量为

$$q_2=h_2-h_3=T-s\text{ 图上面积 }23ab2$$

故循环净功为

$$w=w_{T1}-w_{T2}=(h_1-h_2)-(h_4-h_3)=p-v\text{ 图上面积 }1234561 \quad (4-9)$$

循环净热量为

$$q=q_1-q_2=(h_1-h_4)-(h_2-h_3)=(h_1-h_2)-(h_4-h_3)=T-s\text{ 图上面积 }1234561 \quad (4-10)$$

又因为在一个循环中工质的起始状态和终了状态应保持不变,故有

$$q = w \tag{4-11}$$

根据前面所说动力循环的经济性公式,可得循环热效率为

$$\eta_t = \frac{w}{q_1} = \frac{(h_1 - h_2) - (h_4 - h_3)}{h_1 - h_4} \tag{4-12}$$

由于水的压缩性很小,故在讨论循环热效率时给水泵消耗的比轴功与汽轮机所做的比轴功相比可以忽略不计,即 $h_3 \approx h_4$,由此可得

$$\eta_t = \frac{h_1 - h_2}{h_1 - h_3} \tag{4-13}$$

而 h_3 为压力 p_2 时饱和水的比焓,可用 h_2'表示,则蒸汽动力装置的热效率为

$$\eta_t = \frac{h_1 - h_2}{h_1 - h_2'} \tag{4-14}$$

2. 朗肯循环的汽耗率

除了热效率以外,汽耗率也是衡量蒸汽动力装置工作好坏的重要经济性指标之一。汽耗率 d 表示每产生 1 kW · h 的功(等于 3 600 kJ)需要消耗多少千克的蒸汽。因为 1 kg 蒸汽在一个循环中所做的功为

$$w = h_1 - h_2 \quad \text{kJ/kg} \tag{4-15}$$

所以

$$d = \frac{3\ 600}{h_1 - h_2} \quad \text{kg/(kW} \cdot \text{h)} \tag{4-16}$$

又因为

$$h_1 - h_2 = \eta_t (h_1 - h_2') \tag{4-17}$$

所以有

$$d = \frac{3\ 600}{\eta_t (h_1 - h_2')} \quad \text{kg/(kW} \cdot \text{h)} \tag{4-18}$$

可见汽耗率随热效率的提高而降低。

3. 蒸汽参数对朗肯循环经济性的影响

随着船舶动力设备功率的增加,动力设备的经济性也在不断提高,例如在功率为 14 000 kW 的船用汽轮机动力装置中,当热效率从 24% 提高 25% 时,每小时的燃油消耗量(按每千克燃油的发热量为 41 868 kJ 计算)可以减少 193 kg 左右,一天则可节省燃油 4 632 kg。因此,船舶功率越大,提高其动力设备的经济性,节省的燃油也就越多。同时,提高朗肯循环的经济性,还可以减少蒸汽动力装置的汽耗量,使得设备的质量降低。

由式(4-14)可知,朗肯循环的热效率 η_t 主要由新蒸汽的焓值 h_1、做功后废气的焓值 h_2 及冷凝所得饱和水的焓值 h_2'这三个参数决定。这三个参数又决定了绝热膨胀终了时的比焓 h_2。因此,朗肯循环的热效率完全由蒸汽参数 t_1、p_1、p_2 来决定,其中,t_1 为新蒸汽的初温,p_1 为新蒸汽的压力,p_2 为蒸汽膨胀终了时的压力。下面我们分别讨论这三个参数对热效率的影响。

(1)初温 t_1 对热效率的影响。

如图 4-9 所示,原朗肯循环为 1234561,在初压 p_1 和终压 p_2 不变的条件下,将初温从 t_1 提高到 t_1',则新朗肯循环变为 1′2′34561′。由图可见,原循环的加热过程为 4561,新循环的加热过程为 45611′。因此,新循环的加热过程可以看作是在原循环的加热过程基础上再

加上一个高温的附加段1—1′。显然,提高初温,使循环的温差增大,故热效率提高。

由图还可以看出,2′点相对于2点更接近干饱和蒸汽线,也就是说,提高初温还能提高绝热膨胀终点的干度,即 $x_2' > x_2$。提高干度可以有效地提高汽轮机的相对内效率和延长汽轮机的使用寿命。

但提高初温受锅炉中过热器材料耐热性的限制。蒸汽在过热器的内部受到其外部高温燃气的加热,故过热器壁面的温度要高于蒸汽的温度,因此蒸汽循环的最高温度一般不会超过620 ℃。

(2)初压 p_1 对热效率的影响。

如图4-10所示,原循环为1234561,在初温 t_1 和终压 p_2 不变的条件下,将初压从 p_1 提高到 p_1',初压提高则水蒸气的饱和温度也会随之提高,故新朗肯循环为1′2′345′6′1′。由图可见,新循环的平均吸热温度提高了,而平均放热温度不变,也即增大了循环的平均温差,故提高初压能提高循环的热效率。

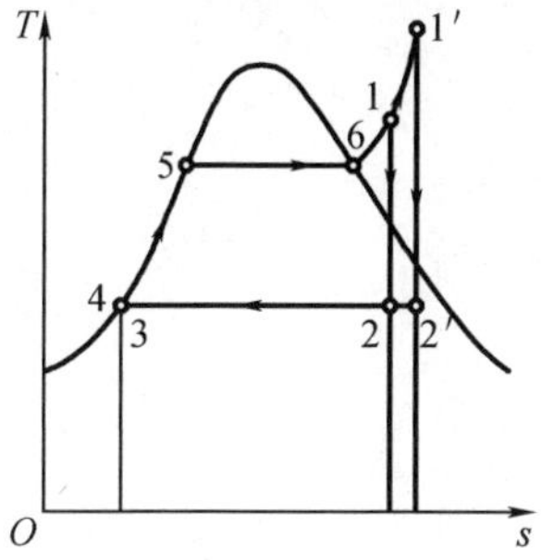

图4-9 初温对热效率的影响

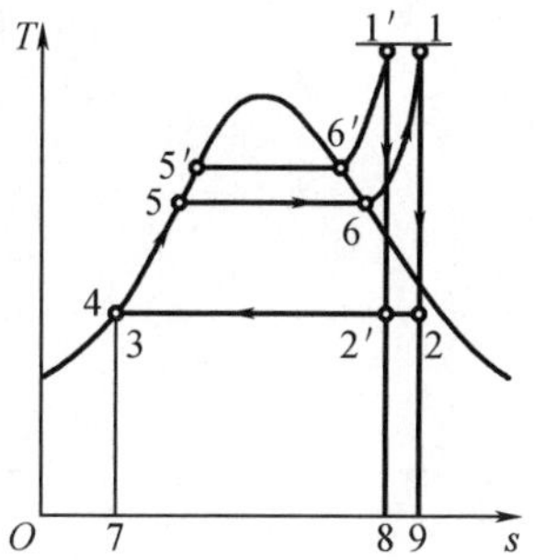

图4-10 初压对热效率的影响

但由图4-10还可以看出,提高初压将使绝热膨胀终点2点左移至2′点,使其远离干饱和蒸汽线,也即蒸汽的干度下降,即 $x_2' < x_2$。在汽轮机中,因为湿蒸汽中的水滴速度低于蒸汽速度,水滴会打在叶片的背弧上,这种现象一方面使汽轮机转子转动受阻,使相对内效率下降,另一方面会加速叶片的损坏,该现象称为液击现象。为避免出现这一问题,废气干度不宜太低,通常不低于88%。

因为提高初温能提高废气干度,所以提高初压和提高初温应同步进行,这样就可以抵消由于降低初压而导致的废气干度下降。目前,船用蒸汽动力装置的新汽参数采用:p_1 = 4.5 MPa,t_1 = (450 ± 10)℃;p_1 = 6.4 MPa,t_1 = (510 ± 5)℃;p_1 = 9 MPa,t_1 = (510 ± 5)℃。

(3)终压 p_2 对热效率的影响。

如图4-11所示,原循环为123561,在初压 p_1 和初温 t_1 不变的条件下,将终压从 p_2 下降到 p_2',终压的降低会使废气的饱和温度降低,也即意味着3点下移且左移至3′点,则新循环变为12′3′561。由图可见,新循环的平均放热温度有明显的降低,而平均进热温度略有降低,故总体热效率有所提高。

但是,由于废气是在冷凝器中定压定温凝结为饱和水的,废气的温度 t_2 必须高于冷却水的温度。因此终压 p_2(与 t_2 对应的饱和压力)的降低受到环境温度的限制。同一设备由于冬、夏季节气温的变化,冷却介质的温度和终压 p_2 均会有所改变。

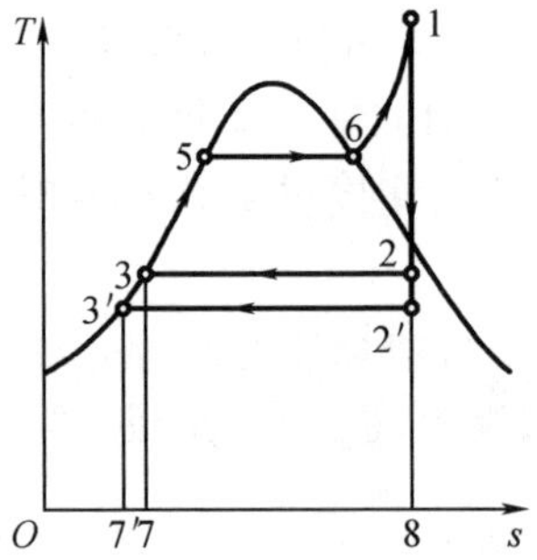

图 4－11　终压对热效率的影响

此外，与单独提高初压 p_1 相似，降低终压 p_2 若不提高初温 t_1，也会引起废气干度的下降，目前对于汽轮机动力装置，一般采用终压 $p_2=0.004\sim0.005$ MPa。

项目5 蒸汽压缩制冷循环的效率分析

学习目标：

1. 掌握逆向卡诺循环的含义、$p-v$ 图、$T-s$ 图及其经济性指标；
2. 能结合 $T-s$ 图分析提高逆卡诺循环的经济性的途径；
3. 掌握蒸汽压缩制冷循环装置的构成；
4. 掌握蒸汽压缩制冷理想循环的 $T-s$ 图、$p-h$ 图及制冷系数、供热系数的计算；
5. 能够利用 $p-h$ 图分析说明蒸发温度、冷凝温度、过冷度对制冷系数的影响。

任务1 逆向卡诺循环及其经济性分析

【任务描述】

所谓制冷，是指从被冷却对象中移出热量，使其温度低于周围的环境温度。在现代船舶上，制冷主要被用于储藏船员食品、运输冷藏货物及夏季温度调节等领域。在制冷过程中，被冷却对象的温度一般要低于周围环境的温度，也即制冷的过程是一个由低温向高温传热的过程，由热力学第二定律可知，这一过程是一个非自发过程，必须以消耗机械功或其他形式的能量为代价才能完成，而这一过程的理想循环是逆卡诺循环，这一循环的组成和经济性是怎样的？

【基础知识】

一、逆卡诺循环

沿卡诺循环相反的方向进行的循环称为逆向卡诺循环，其 $T-s$ 图如图5－1所示。

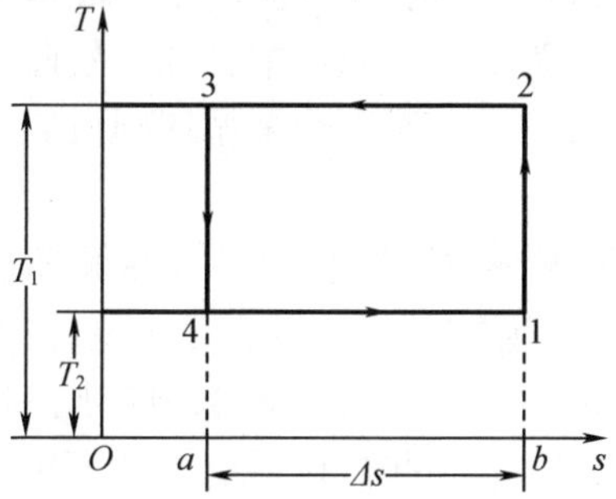

图5－1 逆卡诺循环 $T-s$ 图

图5－1中：1—2为绝热压缩过程，在此过程中，系统与外界没有热量交换，工质随压缩的进行温度由 T_2 沿绝热线升至 T_1；

2—3 为定温放热过程，在此过程中，单位质量的工质在定温的条件下向温度为 T_1 的高温热源（环境或冷却水）放出的热量为

$$q_1 = 面积\,23ab2 = T_1\Delta s \tag{5-1}$$

3—4 为绝热膨胀过程，在此过程中，系统与外界也没有热量交换，但由于体积的膨胀，工质的温度由 T_1 降低至 T_2；

4—1 为定温吸热过程，在此过程中，单位质量的工质在定温的条件下从温度为 T_2 的低温热源（冷库）中吸收的热量为

$$q_2 = 面积\,41ba4 = T_2\Delta s \tag{5-2}$$

将式(5-1)和式(5-2)分别代入制冷循环与热泵循环的经济性公式，可得逆向卡诺循环的制冷系数 ε_c 和供热系数 ε_c' 为

制冷系数：

$$\varepsilon_c = \frac{q_2}{q_1 - q_2} = \frac{T_2\Delta s}{T_1\Delta s - T_2\Delta s} = \frac{T_2}{T_1 - T_2} \tag{5-3}$$

供热系数：

$$\varepsilon_c' = \frac{q_1}{q_1 - q_2} = \frac{T_1\Delta s}{T_1\Delta s - T_2\Delta s} = \frac{T_1}{T_1 - T_2} \tag{5-4}$$

制冷系数与供热系数的关系：

$$\varepsilon_c' = 1 + \varepsilon_c \tag{5-5}$$

上式表明，同卡诺循环一样，逆向卡诺循环的经济性指标也与工质的性质无关，而只取决于高温热源的温度 T_1 和低温热源的温度 T_2。因为 $T_2 < T_1$，所以 $\varepsilon_c < \infty$、$\varepsilon_c' < \infty$，说明把热量从低温物体传递到高温物体必须消耗外界机械功。

二、提高逆循环经济性的途径

逆卡诺循环是理想的、经济性最高的制冷循环和热泵循环，虽然由于多种原因，实际的制冷装置和热泵都难以按照逆向卡诺循环进行工作，但逆向卡诺循环有着十分重要的理论价值，可以为我们分析提高制冷机和热泵的经济性指标指明方向。

首先，制冷循环和热泵循环这两个循环有着相同的热力循环特性，且无论是制冷循环还是热泵循环，其经济性均随高温热源温度 T_1 的降低、低温热源温度 T_2 的升高而增大。但是，二者的工作温度范围有着很大的差别：制冷循环是以环境大气作为高温热源向其放热，而热泵循环则通常以环境大气作为低温热源从中吸热。故此，对制冷循环可采用降低环境温度、提高冷库温度来提高制冷系数，而对于热泵循环则可通过提高环境温度、降低室内温度来提高供热系数。

其次，逆卡诺循环也是可逆循环，从理论上来讲，在循环过程中应不存在不可逆因素，但实际这并不可能实现。例如，可逆循环要求传热无温差，但在制冷循环中，工质向冷却水放热，其温度必须比冷却水温高 5～10 ℃；工质从冷库吸热，其温度要比库温低 5～10 ℃；而在热泵循环中，也同样存在传热温差。同时，在系统中还不可避免的存在摩擦现象。摩擦、传热温差等不可逆因素的存在，使得系统的经济性指标下降。因此，提高逆循环的经济性指标，还应尽可能减少不可逆因素，使实际循环接近逆向卡诺循环。

任务2　认识制冷装置的基本组成及工作原理

【任务描述】

制冷装置是以消耗能量(功量或热量)为代价来实现由低温向高温传递的设备。按其进行的制冷循环的不同,可分为压缩式制冷循环、吸附式制冷循环、吸收式制冷循环、蒸汽喷射式制冷循环及半导体制冷循环等。压缩式制冷循环又可以进一步细分为气体压缩式制冷循环和蒸汽压缩式制冷循环。目前,在船舶上应用最为广泛的是蒸汽压缩式制冷循环,其基本结构如图5-2所示,该系统采用低沸点的工质(大气压力下$t_s<0$ ℃),利用工质在定温定压下吸热和放热的相变特性,实现定温吸热和放热,从而获得较大的制冷量和较高的经济性;该装置主要由压缩机、冷凝器、节流或膨胀装置、蒸发器等组成封闭的制冷循环系统,制冷剂在系统中循环工作。本节的主要任务就是分析制冷装置的基本工作过程,掌握提高制冷效率的方法。

【基础知识】

一、蒸汽压缩制冷的理想循环与实际循环

蒸汽压缩制冷循环实现了制冷剂的气、液两相的交替变化。若保持冷凝压力和蒸发压力恒定,可使得冷凝温度和蒸发温度也保持不变,进而在理论上实现逆向卡诺循环,以获得较高的经济性。同时,由于制冷剂在相变时具有较大比汽化潜热这一特性,提高单位质量制冷剂的制冷量并使制冷装置结构紧凑,也使得这一循环被广泛采用。

从理论上讲,蒸汽压缩制冷可以实现逆向卡诺循环,如图5-3中循环6—7—3—5—6所示,但在这样的循环中,当工质完成在低温环境下定温吸热的过程后(即图中的6点),其干度相对较小,不利于两相物质的压缩。为避免这一问题并增加制冷量,使工质成为饱和态(即图中的1点),同时在实际过程中用节流阀(或称膨胀阀)代替膨胀机,故实际工作的理想循环如图5-3中1—2—3—4—1所示,基本工作过程如下。

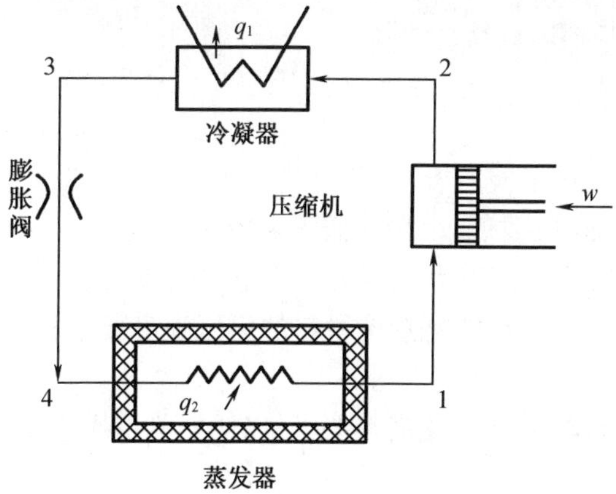

图5-2　蒸汽压缩制冷装置示意图

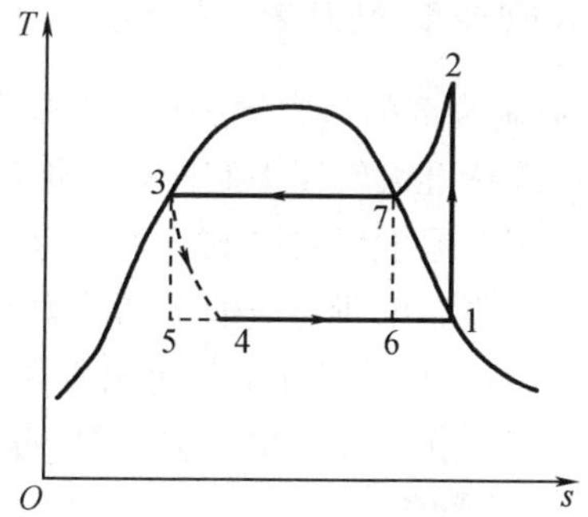

图5-3　蒸汽压缩制冷循环的$T-s$图

1—2为制冷剂在压缩机中的可逆绝热压缩过程,制冷剂被压缩成为高温高压的过热蒸

汽,在此过程中,工质的饱和温度也在不断升高,消耗外界的比轴功为

$$w_c = h_2 - h_1 \tag{5-6}$$

2—3 为制冷剂在冷凝器中的定压放热过程,随着热量的散失,制冷剂先由过热蒸汽在定压下降温冷却为干饱和蒸汽,再由干饱和蒸汽在定温定压下冷凝为饱和液体。单位质量制冷剂的放热量为

$$q_1 = h_2 - h_3 \tag{5-7}$$

3—4 为制冷剂在膨胀阀中的绝热节流过程,在此过程中,制冷剂的压力和温度都急速下降,,节流前后工质的比焓相等,即 $h_3 = h_4$,但绝热节流过程不是准静态过程,因此在 $T-s$ 图上用虚线表示。同时,由于绝热节流过程不可逆,故该过程为一个熵增过程。

4—1 为制冷剂在蒸发器中的定压定温汽化过程,在此过程中,制冷剂在蒸发器内部吸热变为干饱和蒸汽,同时通过蒸发器使被冷却对象温度下降,产生制冷效果,单位质量制冷剂吸收的热量为

$$q_2 = h_1 - h_4 \tag{5-8}$$

上述过程没有考虑到压缩机、冷凝器和蒸发器中实际过程的不可逆性,如冷凝器、蒸发器中制冷剂的传热温差和制冷剂在系统中流动的摩擦等,故该循环称为“蒸汽压缩制冷的理想循环”。循环的 $T-s$ 图如图 5-3 所示,循环中,单位质量制冷剂的吸热量为 q_2,消耗外界的比净功就是压缩机消耗的比轴功,即:

$$w = w_c = h_2 - h_1 \tag{5-9}$$

代入制冷系数的计算公式,可得该蒸汽压缩制冷理想循环的制冷系数 ε 为

$$\varepsilon = \frac{q_2}{w} = \frac{h_1 - h_4}{h_2 - h_1} \tag{5-10}$$

在实际制冷循环中,因为有传热温差,制冷剂在蒸发器中的蒸发吸热温度总是低于冷却对象的温度,制冷剂在冷凝器中凝结放热的温度总是高于冷却介质的温度。同样为提高循环经济性和安全性能,膨胀阀前的制冷剂通常将理想循环中的饱和液体改为过冷液体,使其温度低于冷凝温度;为防止压缩机因吸入液体而导致“液击”现象(压缩机吸入的是湿蒸汽,由于湿蒸汽中的液体的不可压缩性,容易造成液滴的猛烈撞击,以致损伤压缩机),进入压缩机的蒸汽通常由饱和蒸汽改为过热蒸汽,使其温度高于蒸发温度。同时,实际制冷装置通常还包括储液器、回热器、干燥器等一些辅助设备。

二、制冷剂及其 $p-h$ 图

1. 对制冷剂的热力学要求及常用制冷剂

(1)在标准大气压下制冷剂的饱和温度(沸点)要低,一般应低于 -10 ℃。

(2)蒸发温度所对应的饱和压力不应过低,应稍高于大气压力以防止空气漏入系统。

(3)冷凝温度所对应的饱和压力不宜过高,否则对冷凝系统材料的耐压强度要求提高,增加了成本也对焊接等工艺提出更高的要求。

(4)在工作温度(蒸发温度和冷凝温度)范围内,比汽化潜热要大,以便使单位质量工质有较大的制冷能力。

(5)临界温度应远高于环境温度,使循环不在临界点附近运行,而运行于具有较大气化潜热的范围之内,在冷却过程中能够更多的利用定温排热。

(6)在 $T-s$ 图上,制冷剂的上、下界线要陡,这样可使冷却过程更加接近定温放热过

程，并可减少节流引起的制冷能力下降。

(7)凝固点要低于制冷循环的下限温度，以免在低温下凝固阻塞管路。

(8)蒸汽的比体积要小、工质的传热性要好，以使装置更加紧凑。

此外，溶油性能好、化学性质稳定、与金属材料及压缩机中密封材料有良好的相容性，不可燃、无毒、泄漏易被检测、对环境无污染作用、价格低廉等也是对制冷剂的重要要求。常用的制冷剂有氨和氯氟烃等，其中氨气在制冷温度范围内对压力要求不高，比汽化潜热大，制冷能力强，且价格低廉，对环境的破坏小，但有较强的毒性和刺激性气味，并且能腐蚀铜等管道材料，故其应用场合严重受限。

氟利昂类制冷剂性能稳定，制冷能力适中，能满足不同温度对制冷剂的要求，因而一度在制冷领域获得广泛的应用，例如常用的家用冰箱制冷剂 R12(CFC12)、汽车空调制冷剂 R11(CFC11)和热泵型空调的制冷剂 R22(HCFC22)都属于这一类制冷剂。但科学家通过研究发现，氟利昂类制冷剂会严重破坏大气中的臭氧层，目前已在全世界范围内禁用。

作为氟利昂类制冷剂的替代物，现在在制冷中应用较多的制冷剂主要有 R134a (CH_2FCF_3)、非共沸混合制冷剂和共沸混合物等。

2. 制冷剂的 $p-h$ 图

$T-s$ 图又称为示热图，在用其分析蒸汽压缩制冷循环时，循环过程的吸、放热量和耗功量均可在图上用相应的面积来表示，这虽然可以形象地进行对比，但却不便于分析计算。为精确计算制冷循环中各过程的能量变化和确定状态参数，需要充分考虑制冷剂在循环过程中的汽液相变，这就需要通过制冷剂的饱和蒸汽和过热蒸汽表来进行查找，但是，工程上更广泛地是应用制冷剂的 $p-h$ 图(压-焓图，如图 5-4 所示)进行分析。该图是以 $\log p$ 为纵坐标，以 h 为横坐标的半对数坐标图，且可以通过相应线段的长度来表示相应过程的功量和热量。

$p-h$ 图是根据制冷剂的性质绘制的，与水蒸气的 $h-s$ 图相似，该图中绘有饱和液体线($x=0$)、干饱和蒸汽线($x=1$)及临界点 C，除此之外，还有等压线、等焓线、等温线、等容线和等熵线，湿蒸汽区还有等干度线。

如图 5-5 所示，在使用 $p-h$ 图确定循环的工作过程时，首先应当根据状态 1 的参数 p_1 及 x_1 在图上确定状态点 1；由过该点的等熵线与压力为 p_2 的等压线相交可得状态点 2，压力为 p_2 的等压线与 $x=0$ 的等干度线的交点即为状态点 3，过 3 点做垂线与压力为 p_1 的等压线的交点为状态点 4，这也就是蒸汽压缩制冷循环的 $p-h$ 图。

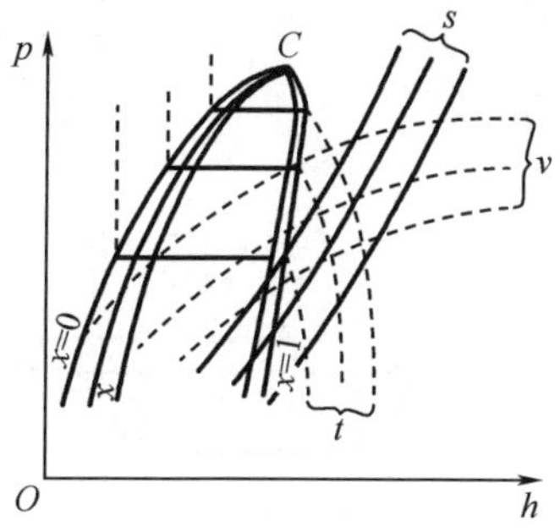

图 5-4　制冷剂的 $p-h$ 图

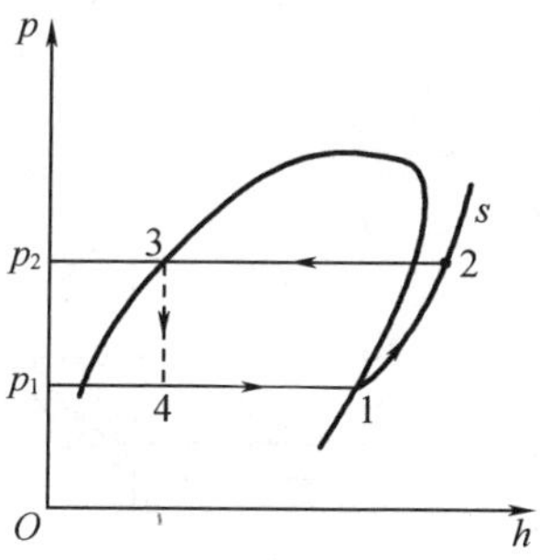

图 5-5　蒸汽压缩制冷循环的 $p-h$ 图

在图 5-5 中：1—2 过程表示制冷剂在压缩机中的可逆绝热压缩过程，在此过程中，压缩机消耗的比轴功为 $w_c = h_2 - h_1$，在图中可以用状态点 1、2 间的水平距离来表示；2—3 过程为制冷剂在冷凝器中的定压放热过程，在此过程中，制冷剂通过冷凝器与外界交换的热量为 $q_1 = h_2 - h_3$，在图中可以用状态点 2、3 的水平距离来表示；3—4 过程为制冷剂在膨胀阀中的绝热节流过程，在节流前后，制冷剂的焓值不变，即 $h_3 = h_4$，但要注意的是，这并不是一个等焓过程；4—1 为制冷剂在蒸发器中的定压定温汽化过程，在此过程中，制冷剂通过蒸发器从被冷却对象中吸收的热量为 $q_2 = h_1 - h_4$，在图中可以用状态点 4、1 的水平距离来表示。

三、影响制冷系数 ε 的主要因素及提高制冷系数的途径

制冷循环的经济性指标为制冷系数 ε，它是效果（制冷量）与代价（耗功）的比值，故此，提高制冷系数的核心就是降低循环耗功 w 和增大制冷量 q_2，在实际工作中，影响制冷系数 ε 的主要因素包括蒸发温度、冷凝温度和过冷度。

1. 蒸发温度的影响

如图 5－6 所示，原循环为 12341，提高蒸发温度即提高蒸发压力，水平线由 4—1 提高至 4′—1′，则新循环为 1′2′34′1′，原循环的制冷系数 ε 为

$$\varepsilon = \frac{h_1 - h_4}{h_2 - h_1}$$

而新循环的制冷系数 ε' 为

$$\varepsilon' = \frac{h_{1'} - h_{4'}}{h_{2'} - h_{1'}}$$

由图可见，$h_{1'} - h_{4'} > h_1 - h_4$，即吸热量 q_2 增加；$h_{2'} - h_{1'} < h_2 - h_1$，即耗功量 w_c 减少，显然制冷系数 ε 增加。也就是说，在其他条件不变的情况下提高蒸发温度可以提高循环的热效率。

但是，设备的蒸发温度也要受制冷对象对温度要求的影响，不能随意变动。一般来说，蒸发温度应比冷库温度低 5 ~ 7 ℃，以保证传热温差需要，而在条件许可的情况下，要尽可能降低蒸发温度，例如夏季空调一般应设置在 26 ℃以上，这就可以通过提高蒸发温度来提高制冷循环的热效率。

2. 冷凝温度的影响

如图 5－7 所示，原循环为 12341，降低冷凝温度即降低冷凝压力，水平线由 2—3 降低至 2′—3′，则新循环为 12′3′4′1，原循环的制冷系数 ε 为

$$\varepsilon = \frac{h_1 - h_4}{h_2 - h_1}$$

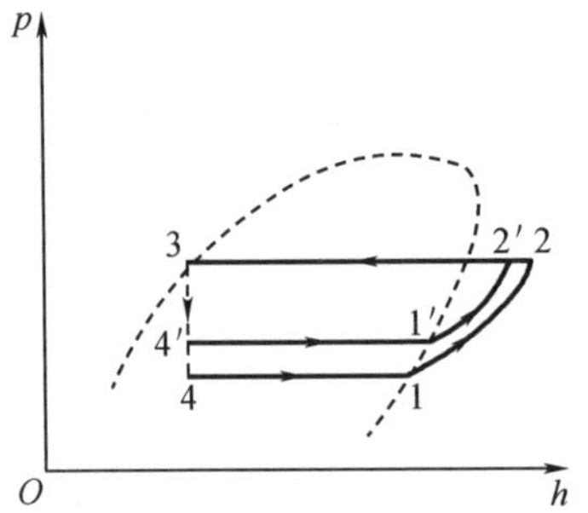

图 5－6　蒸发温度对制冷系数的影响

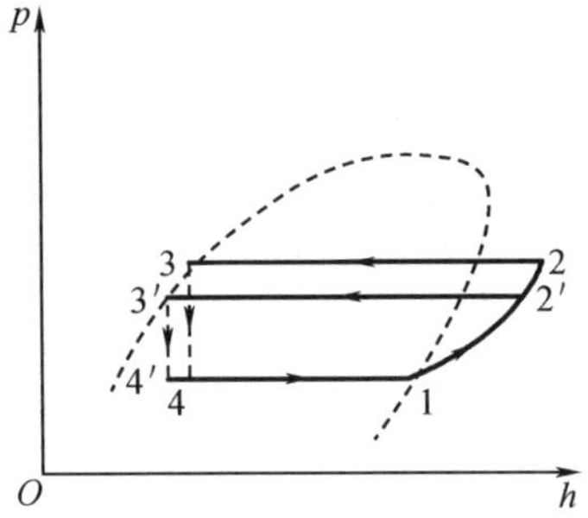

图 5－7　冷凝温度对制冷系数的影响

新循环的制冷系数 ε' 为

$$\varepsilon' = \frac{h_1 - h_{4'}}{h_{2'} - h_1}$$

由图可见，$h_1 - h_{4'} > h_1 - h_4$，即吸热量 q_2 增加；$h_{2'} - h_{1'} < h_2 - h_1$，即耗功量 w_c 减少，显然制冷系数 ε 增加。也就是说，在其他条件不变的情况下降低冷凝温度同样可以提高循环的热效率。

在实际工作中，冷凝温度取决于冷却介质（大气或冷却水等）的温度，不能随意变动。同时，为保证足够的传热温差，一般来说冷凝温度应当高于冷却介质温度 5 ~ 7 ℃。但在条件许可的情况下，应尽可能选择较低的冷凝温度，如家中的冰箱应放置在阴凉通风处，以保证其周围的温度较低，从而提高经济性。

3. 过冷度的影响

如图 5 - 8 所示，从理论上讲，进入膨胀阀的应当为饱和液体，循环如图中 12341 所示，但实际进入膨胀阀的却是具有一定过冷度的制冷剂，在 $p - h$ 图上 3、4 两点左移至 3′、4′两点，即 h_4 减少，循环变为 123′4′1。由图可见，在这两种循环中，压缩机所消耗的功是不变的，均为 $w_c = h_2 - h_1$；而在新循环中，制冷剂的吸热量 $q_2 = h_1 - h_4$ 增加为 $q_2' = h_1 - h_{4'}$，故其制冷系数 ε 增加。

但制冷剂在离开冷凝器时的温度要略高于冷却介质的温度，这就限制了其过冷度的增加。故此，多数现代制冷装置增设有回热器，如图 5 - 9 所示，其基本原理用由蒸发器流出的低压低温制冷剂来给冷凝器流出的液态制冷剂降温，从而增大制冷剂在流入膨胀阀时的过冷度，同时也可进一步增大制冷剂在流入压缩机时的过热度，这一结构不但能够有效的提高设备的经济性而且可以防止压缩机发生“液击”。

综上所述，提高制冷系数的途径可归纳为：

（1）尽量减少流动阻力、制冷剂的传热温差等不可逆因素，使实际循环接近于逆向卡诺循环；

（2）合理选择制冷温度，不一味追求低温；

（3）根据实际情况尽量降低冷却介质的温度以便获得更低的冷凝温度，并在可能的情况下增大由冷凝器流出制冷剂的过冷度。

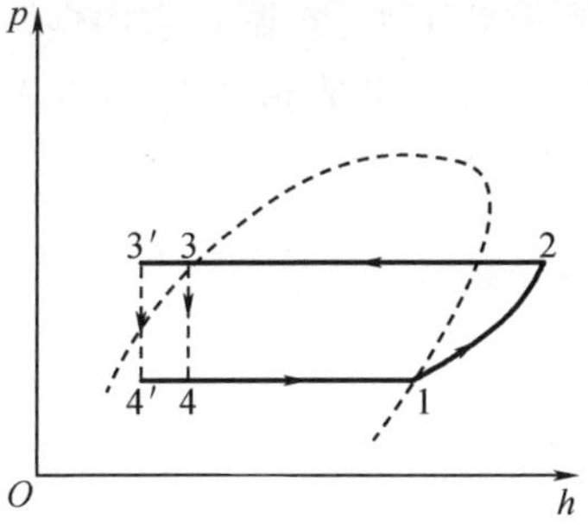

图 5 - 8　过冷度对制冷系数的影响

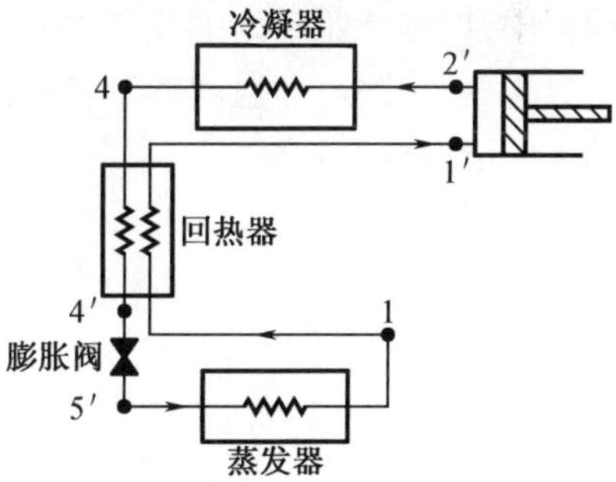

图 5 - 9　采用回热器的制冷循环装置简图

项目 6　空气湿度及其调节

学习目标：

1. 掌握道尔顿分压定律及其应用；
2. 掌握湿空气及其相关分类依据；
3. 掌握湿度的表示方法及应用干湿球温度计测量湿度的基本原理；
4. 掌握露点温度的判断及其影响因素；
5. 掌握空气湿度的调节方法。

任务 1　认识湿空气

【任务描述】

人们要有一个舒适的生活、工作环境，不但要求有适宜的温度，还要有适宜的干湿程度。例如，在沿海地区，人们就常常抱怨天气太过潮湿，进而会引起种种的不适。在船舶上，我们不但要对空气的温度进行调节，还要设法调节空气的湿度，以便给船员创造一个良好的环境，而这一工作通常由空调装置来完成。

船用空气调节装置主要由滤器、加热器、冷却器、加湿器和风机等设备组成，如图 6 - 1 所示。该设备具有夏季和冬季两种工况，夏季为降温除湿工况，在此工况下，加热器与除湿器停止工作，风机吸入新鲜空气（也称新风）并同舱室内的空气（也称回风）混合后经滤器除尘并送入冷却器，在冷却器内完成降温并除去多余的水蒸气，然后把这种干燥的低温空气送入舱室内以维持舱室内的环境处于适宜状态。在冬季工况下，冷却器停止工作，新风与回风混合后进入加热器升温，并喷入水或蒸汽以调节其湿度，然后把经过上述处理的空气喷入舱室中，以维持舱室内的空气继续处于适宜状态。由此可见，空调对室内空气的调节主要可分为两个部分，即温度的调节和湿度的调节。那么，湿度到底是什么，又是如何进行调节的呢？下面介绍。

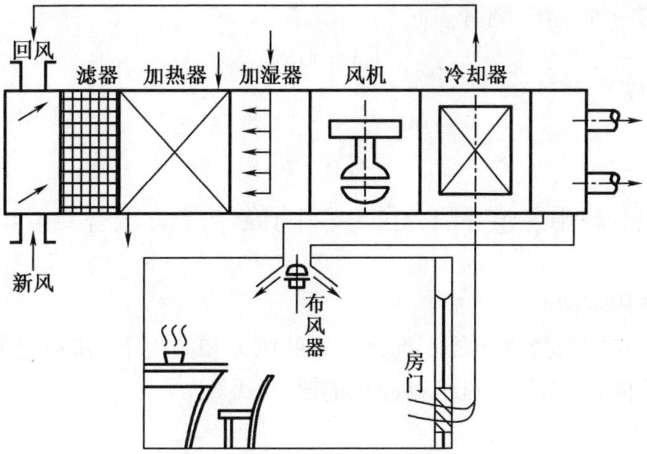

图 6－1　空气调节装置示意图

【基础知识】

一、道尔顿分压定律和亚美格分体积定律

热力工程学中所涉及的工质往往并不是单一成分的气体，而是由多种不同性质的气体组成的混合物，如任务描述中舱室内的空气，就是由 N_2、O_2 及少量的水蒸气和惰性气体等组成的混合气体。一般来说，组成混合气体中的不同成分具有相同的温度，且可按不同的方式进行分离。

1. 道尔顿分压定律

如图 6－2 所示，令混合气体的各组成气体都处在混合气体的温度 T 下，并单独占据体积 V 时，组成气体的压力称为该组分的分压力，用 p_i 表示。

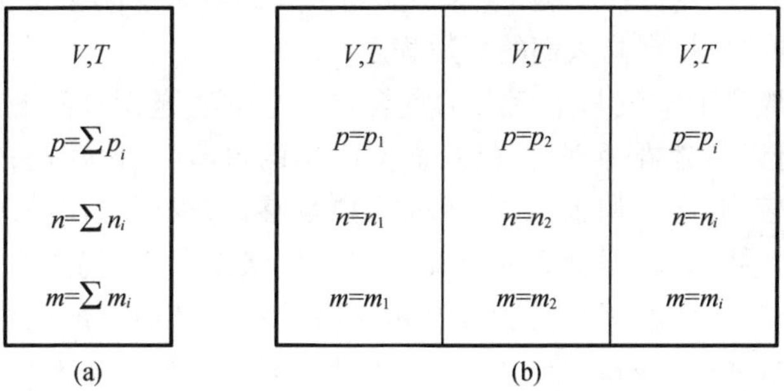

图 6－2　理想气体分压力定律示意图

(a)混合气体；(b)组成气体

理想气体混合物的压力等于其各组成气体分压力的总和，这称为道尔顿分压定律，即

$$p = p_1 + p_2 + \cdots + p_n = \sum_{i=1}^{n} p_i \tag{6-1}$$

由理想气体状态方程，可得对混合气体，有

$$pV = nRT$$

而对于其中的一种气体，则有

$$p_i V = n_i R T$$

两式相比，可得

$$p_i = \frac{n_i}{n} p$$

即理想气体混合物中各组分的分压力等于其摩尔数在混合物中的比例与总压力的乘积。

2. 亚美格分体积定律

另一种分离方式即保持气体处于混合气体的压力和温度下，其各自单独占据的体积 V_i 称为这种气体的分体积，类似于道尔顿分压定律，可得

$$V = V_1 + V_2 + \cdots + V_n = \sum_{i=1}^{n} V_i \tag{6-2}$$

该式表明，理想混合气体各组分的分体积之和等于混合气体的总体积，这一结论称为亚美格分体积定律。

需要注意的是，道尔顿分压定律和亚美格分体积定律只适用于理想气体。

二、湿空气及其分类

空气中的主要成分为 N_2 和 O_2，除此之外还含有少量的 CO_2 和惰性气体。同时，由于海洋、江河、湖泊等水分的蒸发，空气中还会含有一定量的水蒸气。我们把含有水蒸气的空气称为湿空气，完全不含水蒸气的空气称为干空气，在自然界中，绝对的干空气是不存在的。

由于在空气中水蒸气的含量很少，而且变化量不大，因此在一般工程计算中往往忽略其影响。例如，以空气作为柴油机或燃气轮机动力装置的工质时，通常就不考虑其中含有少量水蒸气的影响。但是在日常生活中，空气中的水蒸气对人们的生活和生产却有很大的影响，如潮湿的空气会使人感觉不舒服、使食品容易腐烂；而干燥的空气也会使人感到不适，食品会因失去必要的水分而干缩，等等。船舶空气调节装置的一个重要作用，就是调节室内空气中水蒸气的含量，提高人们的舒适程度。

湿空气可以看成是干空气与水蒸气的混合物。干空气毫无疑问处于远离液态的稀薄状态，故在分析中可以将之视为理想气体；而空气中的水蒸气，由于所占空气的比例很小，故其分压力通常也较小，比体积很大，分子间距离足够远，也可以作为理想气体处理，故湿空气也可视为理想气体，其状态参数应遵循理想气体状态方程，仍然符合理想气体的有关定律。同时，由于湿空气中水蒸气的含量会由于蒸发和凝结而有所改变，这是其与不凝结性气体组成的混合气体的不同之处。所以，湿空气这种干空气和水蒸气的混合物是一种特殊的理想气体混合物。

根据道尔顿分压定律可知，干空气的分压力 p_a 与水蒸气的分压力 p_v 之和为湿空气的总压力，简称湿空气压力，也即大气压力，有

$$p_b = p_a + p_v \tag{6-3}$$

根据水蒸气的性质，如图 6-3 所示，在温度一定的条件下，水蒸气的分压力所能达到的最大值就是该温度下的饱和压力，这时的水蒸气称为该温度下的干饱和蒸汽，如图 6-3 中状态点 b 所示；当水蒸气的压力低于该温度下的饱和压力时，该蒸汽就处于过热蒸汽状态，如图 6-3 中状态点 a 所示。

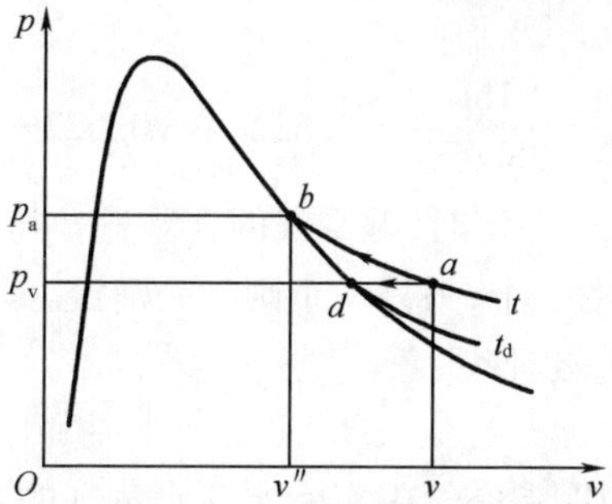

图6-3 湿空气中水蒸气的状态

湿空气按其中所含的水蒸气所处状态，可分为未饱和湿空气和饱和湿空气。当其中水蒸气为干饱和蒸汽时，该湿空气称为饱和湿空气。“饱和”是指空气中水蒸气的分压力已经达到该温度下水蒸气的饱和压力，空气中的水蒸气含量已经达到最大值，在温度不变的情况下，湿空气无法再吸收水分，也即是说，湿空气就其吸收水分的能力而言，已经“饱和”了。

当湿空气中的水蒸气为过热蒸汽时，该湿空气称为未饱和湿空气。所谓“未饱和”是指水蒸气的分压力尚未达到该温度下的饱和压力，在该温度下，湿空气中的水蒸气含量尚未达到最大值，湿空气尚有吸收水分的能力。一般来说，湿空气均处于未饱和状态。

三、湿空气的湿度

一般用绝对湿度、含湿量和相对湿度来衡量湿空气的湿度。

1. 绝对湿度

绝对湿度是单位体积（1 m^3）湿空气中所含水蒸气的质量，用符号 ρ_v 表示。由道尔顿分压定律可知，湿空气中的水蒸气具有与湿空气相同的体积，所以其绝对湿度在数值上等于湿空气中水蒸气的密度，即

$$\rho_v = \frac{m_v}{V} = \frac{1}{v_v} \tag{6-4}$$

对于饱和空气，因其中的水蒸气处于饱和状态，故其绝对湿度就是干饱和蒸汽的密度，显然，在相同温度下，饱和湿空气的绝对湿度 ρ_s 最大。

2. 含湿量

以湿空气为工作介质的某些过程，如吸湿、干燥等过程，这些过程主要是由干空气为主要的载热体和载湿体，其质量也是恒定的，在过程中只是湿空气中水蒸气的质量在不断变化，为方便计算，我们以单位质量干空气为基准，定义 1 kg 干空气所带有的水蒸气的质量为湿空气的含湿量，用符号 d 表示，其单位为 $\text{kg}_{水蒸气}/\text{kg}_{干空气}$。

含湿量也即是一定体积的湿空气中水蒸气质量 m_v 与干空气质量 m_a 之比，由于湿空气中的水蒸气质量很少，通常用 g 作为含湿量中水蒸气的单位，即

$$d = \frac{m_v}{m_a}\ \text{kg}_{水蒸气}/\text{kg}_{干空气} = 1\ 000\frac{m_v}{m_a}\ \text{g}_{水蒸气}/\text{kg}_{干空气} = 1\ 000\frac{\rho_v}{\rho_a}\ \text{g}_{水蒸气}/\text{kg}_{干空气}$$

又因为，工质的质量 $m = nM$，其中 n 为工质的千摩尔数，M 为工质的千摩尔质量，故有 $M_v = 18$ kg/kmol，$M_a = 28.97$ kg/kmol，由道尔顿分压定律可知，理想气体混合物中各组分的分压力之比等于其千摩尔数之比，且有 $p_a = p - p_v$。

所以有

$$d=\frac{m_v}{m_a}=\frac{n_vM_v}{n_aM_a}=\frac{p_vM_v}{p_aM_a}=\frac{18p_v}{28.97p_a}=0.622\frac{p_v}{p_a}=0.622\frac{p_v}{p-p_v}\ \text{kg}_{水蒸气}/\text{kg}_{干空气} \tag{6-5}$$

由上式可见，当大气压力 p_b 一定时，湿空气的含湿量 d 与水蒸气分压力 p_v 之间有着一一对应的关系，即给定二者中的一个，另外一个则唯一确定。因此 p_b 一定时，对湿空气加热或冷却，如果 d 保持不变，则 p_v 也不变。

3. 相对湿度

绝对湿度和含湿量只能说明湿空气中实际所含水蒸气的多少，而不能说明湿空气的潮湿程度或吸收水分的能力。而空气的潮湿程度在空气调节、食品存储和运输领域都有着十分重要的作用，为确切表示湿空气的干湿程度，引入了相对湿度的概念。

我们把湿空气中水蒸气分压力 p_v 与同温度下水蒸气饱和压力 p_s 之比，称为相对湿度，用 φ 表示，即

$$\varphi=\frac{p_v}{p_s} \tag{6-6}$$

由式(6-6)可见，相对湿度 φ 之值介于 0~1 之间。当 $\varphi=1$，即 $p_v=p_s$ 时，湿空气为饱和湿空气，其中的水蒸气为饱和水蒸气；当 $\varphi=0$，$p_v=0$ 时，湿空气中不含有水蒸气，为干空气；当 $0<\varphi<1$，$p_v<p_s$ 时，湿空气为未饱和湿空气，其中的水蒸气为过热水蒸气。可见，不论湿空气温度如何，相对湿度 φ 表述了湿空气接近饱和空气的程度。

相对湿度确切地反映了湿空气的干湿程度，也即是湿空气吸收水蒸气的能力。相对湿度 φ 值越大，说明湿空气中水蒸气的相对含量就越高，湿空气越潮湿，湿空气的吸湿能力就越差；反之 φ 值越小，则湿空气中水蒸气的相对含量就越低，湿空气越干燥，湿空气吸湿能力就越强。显然，饱和湿空气失去了吸收水蒸气的能力，而干空气吸湿能力则最强。

人们对湿空气干湿程度的感知，取决于水在空气中的蒸发速度。蒸发速度快，则人们感到干燥；蒸发速度慢，则人们感到潮湿，蒸发速度的快慢与相对湿度 φ 直接相关，φ 值越大，蒸发速度就越小。因此，相对湿度直接表示人们对空气干湿程度的感知。

4. 含湿量与相对湿度之间的关系

由相对湿度的定义式(6-6)可得，$p_v=\varphi p_s$，代入式(6-5)可得

$$d=0.622\frac{p_v}{p-p_v}\ \text{kg}_{水蒸气}/\text{kg}_{干空气}=622\frac{\varphi p_s}{p_b-\varphi p_s}\ \text{g}_{水蒸气}/\text{kg}_{干空气} \tag{6-7}$$

$$\varphi=\frac{p_bd}{(622+d)p_s} \tag{6-8}$$

当已知湿空气的压力 p_b 和温度 t(由 t 查饱和蒸汽表可确定 p_s)时，每给出一个 φ，便可由式(6-7)求出相应的 d；反之，每给出一个 d，便可由式(6-8)求得相应的 φ。

四、湿空气的温度

1. 干湿球温度计与干、湿球温度

湿空气的含湿量和相对湿度的简便测量方法通常是采用干湿球温度计，干湿球温度计的结构如图 6-4 所示，由两支相同的玻璃杆温度计组成，其中一支温度计的水银球裸露在空气中，称为干球温度计，其测量的是空气的实际温度 t，也称干球温度；另一支的水银球用浸在水中的纱布包住，由于毛细作用，纱布上总有水，此温度计的水银球总是湿的，所以称

为湿球温度计。当空气相对湿度小于1时，纱布上的水分不断向空气蒸发，并吸收热量，从而使纱布上的水温下降，因而与周围空气形成温差，空气即向纱布上的水传递热量。空气与水的温差越大，传递的热量就越大。当水温降到某一数值时，空气传给水的热量恰等于水分蒸发所消耗的热量时，湿球温度计上的读数不再下降而保持一个定值，这个温度就是湿球温度 t_w，又可称为理论湿球温度，或热力学湿球温度。

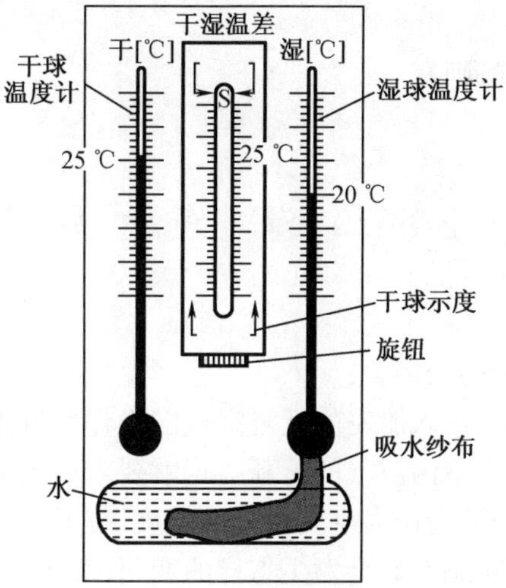

图6－4 干湿球温度计

显然，水的蒸发是使湿球温度低于干球温度的直接原因。空气的 φ 值越小，纱布上水分蒸发的速度越快，干球温度 t 与湿球温度 t_w 之差就越大；反之，φ 值越大，纱布上的水分蒸发越慢，t_w 越接近于 t。当 $\varphi=100\%$ 时，纱布上的水分不会蒸发，故有 $t_w=t$。显然，可通过干湿球温度来确定湿空气的相对湿度，但是因为相对湿度 φ 与 t、t_w 之间的关系不能简单的用公式来表示，所以一般是通过图表来表明这种关系。在测得 t、t_w 后，可查相应图表获得 φ 值。

2. 露点温度

把未饱和湿空气（图6－3中 a 点）在与水隔绝的条件下进行定压冷却，水蒸气的状态会沿图6－3中的 $a \to d$ 线变化，并与水的干饱和蒸汽线交于点 d，此时湿空气中的水蒸气也达到了饱和状态，如继续冷却，湿空气中的水蒸气就会开始凝结，生成水滴或露珠析出。点 d 温度 t_d 即为对应于水蒸气分压力 p_v 的饱和温度，称为露点温度，点 d 称为湿空气的露点。

露点是湿空气的一个重要的状态参数，在生活和工程中都有着十分广泛的应用。例如在空气调节中，为降低湿空气中水蒸气的含量，可以将湿空气的温度冷却至露点以下，使多余的水蒸气凝结成液态水形式析出，从而达到降低湿度的目的。在一些相对湿度较大的地区，如热带雨林气候的地区，在夏季一些冰箱的玻璃门上会产生凝露的现象，进而产生液态水滴而影响其美观性，我们可以采用加热的方法而提高玻璃的温度以预防凝露。

在船舶机舱中，露点对锅炉运行、空气冷却器、柴油机气缸的工作情况有很大的影响，它是造成堵灰和腐蚀的主要原因。如锅炉中空气预热器的烟气管壁温度若低于烟气的露点温度，则凝结下来的水滴与烟气中的二氧化硫合成硫酸，对管壁造成强烈的腐蚀，同时水滴还使管壁粘灰，造成堵灰现象。因此，防止堵灰和腐蚀的主要原则就是设法提高空气预热器入口的空气温度，避免烟气中的水蒸气结露。

3. 干球温度、湿球温度及露点温度三者间的关系

对同一温度下的湿空气，其干球温度 t、湿球温度 t_w 和露点温度 t_d 三者之间的大小关系为

$$t \geqslant t_w \geqslant t_d$$

其中，若湿空气为未饱和湿空气，则有

$$t > t_w > t_d$$

若湿空气为饱和湿空气，则有

$$t = t_w = t_d$$

任务2 湿空气的调节

【任务描述】

在船舶空气调节装置中，供入舱室的新鲜空气应确保能够把室内的二氧化碳及有害气体冲淡至允许浓度以下，保持室内空气的清新。这就要求吸入舱室的空气中回风比例不宜过大，但同时，增大新风比例又会增大空气调节的难度，提升空调装置的能耗。在新风与回风的混合过程中，湿空气的状态参数会发生怎样的变化，对空气的调节又有哪些过程？

【基础知识】

一、湿空气的焓与熵

1. 湿空气的焓

在工程上，湿空气多是在稳定流动条件下工作的。在进行工程计算时，可以利用空气中焓值的变化，来求得湿空气吸收或放出的热量值。

湿空气可视为干空气和水蒸气的混合物，其焓值等于这两者的焓值之和。需要注意的是，湿空气的焓值并不是以 1 kg 湿空气为基准计算的，而是以 1 kg 干空气所对应的湿空气，也即 $(1+0.001d)$ kg 湿空气作为基准，仍用符号 h 表示，单位为 kJ/kg(干空气)，因而湿空气的比焓 h 为

$$h = h_a + 0.001dh_v \quad \text{kJ/kg(干空气)}$$

湿空气的焓值是以 0 ℃为基准温度，在此温度下，干空气的焓值为 0，若温度变化范围不大(不超过 100 ℃)，则干空气的质量定压比热取定值，即 $c_p = 1.005$ kJ/(kg·K)，则干空气的比焓可表示为

$$h_a = c_p t = 1.005t \quad \text{kJ/kg} \tag{6-9}$$

在未饱和状态下，湿空气中的水蒸气可视为过热蒸汽，则其焓值可表示为

$$h_v = r_0 + c_p' \cdot t$$

式中 r_0——0 ℃时水的汽化潜热，取 $r_0 = 2\,501$ kJ/kg；

c_p'——水蒸气在低压下的平均定压比热，取 $c_p' = 1.86$ kJ/(kg·K)。

因此，$(1+0.001d)$ kg 湿空气的焓，即以 1 kg 干空气为基准的湿空气的比焓为

$$h = 1.005t + 0.001d(2\,501 + 1.86t) \quad \text{kJ/kg(干空气)} \tag{6-10}$$

式中的 t 为湿空气的温度，也即干湿球温度计中的干球温度。

2. 湿空气的熵

同湿空气的焓类似，湿空气的比熵也是以 1 kg 干空气为基准，也就是 $(1+0.001d)$ kg 湿空气的熵，其值等于干空气的熵与其中所含水蒸气的熵之和。湿空气的比熵可表示为

$$s = s_a + 0.001 d s_v \tag{6-11}$$

式中　s_a——1 kg 干空气的熵，kJ/(kg·K)；

s_v——1 kg 水蒸气的熵，kJ/(kg·K)。

二、湿空气的 $h-d$ 图

在对湿空气进行调节时，往往需要计算湿空气的某些状态参数，并研究湿空气在设备中的状态变化过程，湿空气可以视为理想气体，但如用理想气体状态方程进行计算，则过程过于复杂。因此，在实际的工作中，我们一般采用湿空气的 $h-d$ 图（焓湿图）来进行状态分析。

1. $h-d$ 图的构成

常用湿空气的 $h-d$ 图是按大气压力（湿空气压力）为 1 个标准大气压，即 0.101 3 MPa 做出的，但即使气压有一定的变化，只要变化量不大，该图仍能正常使用。该图的构成如图 6-5 所示，其横坐标表示湿空气的含湿量 d，纵坐标表示湿空气的比焓 h。为使曲线更为清楚，横、纵坐标的交角不是直角，而是 135°，但因为坐标原点的水平线以下部分没有用，因此将斜角坐标系的横坐标 d 上的刻度投影到水平轴上。在湿空气的 $h-d$ 图上，共绘有以下几组曲线。

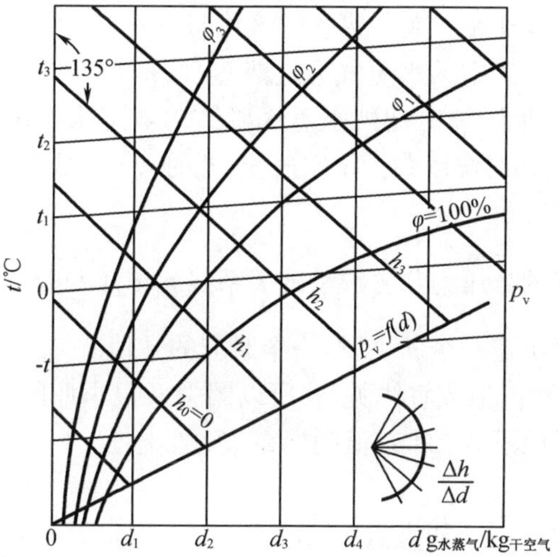

图 6-5　湿空气的 $h-d$ 图

（1）定焓线。

因为 $h-d$ 图采用 135°角的斜角坐标系，所以定焓线是一束互相平行并与水平线成 45°（与纵轴）的向右下方倾斜的直线。通过含湿量 $d=0$ 及温度 $t=0$ ℃交点的定焓线，其焓值 $h=0$，向上的定焓线焓值为正值，向下的定焓线焓值为负值，且自下而上焓值逐渐增加。

湿空气在绝热加湿时，其热力过程近似于等焓过程，故温度不同而焓值相同的一系列湿空气具有相同的湿球温度；同时，当湿空气饱和时，干球温度等于湿球温度，因此在同一等焓线上的各点的湿球温度均相等，且等于其与 $\varphi=100\%$ 的定相对湿度线的交点的干球

温度。

(2)定含湿量线。

定含湿量线是一组与纵坐标轴平行的直线。纵轴表示含湿量为0,自左向右含湿量值逐渐增加。在同一定含湿量线上的各点,具有相同的露点温度。

(3)定温线。

定温线是根据式(6-10)绘制的,由该式可以看出,当湿空气温度 t 为常数时,0.001(2 501+1.86t)也为常数,则式(6-10)在 $h-d$ 坐标图上表示为一条直线,0.001(2 501+1.86t)为此直线在该斜角坐标系中的斜率 b,由斜率的计算公式可得 $b=\tan a$,1.005t 为直线在此斜角坐标系上的纵截距 a,故湿空气的焓值可表示为 $h=a+bd$。由于1.86t 比2 501小得多,所以可以忽略温度的影响,将 $h-d$ 图上的定温线视为斜率基本相同的一束直线。但严格来说,温度越高,直线的斜率也就越大。同时,因为斜率为正值,所以定温线略向右上伸展。

(4)定相对湿度线。

定相对湿度线是一组上凸形的曲线。由前文可知,当湿空气的压力和温度一定时,在给定的定温线上,对应于不同的含湿量 d,就会有不同的相对湿度 φ 值。在湿空气的 $h-d$ 图上,将各定温线上相对湿度 φ 相同的点连接起来,即可得定相对湿度线。由于在含湿量一定时,温度越低,则该温度所对应的饱和湿空气的绝对湿度越小,由式(6-6)可知,其相对湿度逐渐增加。所以定相对湿度线的值,自上而下逐渐增大,最下面一条定相对湿度线是极限情况($\varphi=100\%$)称为饱和湿空气线或临界线,表征湿空气处于饱和状态的相对湿度,此时,湿空气中的水蒸气处于饱和状态。该线将 $h-d$ 图分成了两部分:$\varphi=100\%$ 上部表示未饱和湿空气,$\varphi<1$,其中的水蒸气为过热蒸气;$\varphi=100\%$ 下部没有实际意义,这是因为湿空气达到饱和后,如果继续冷却则水蒸气凝结为液态水析出,湿空气本身仍然保持饱和状态不变。$\varphi=0$ 的定相对湿度线为干空气线,此时 $d=0$,故与纵坐标重合。

(5)水蒸气分压力线。

在 $\varphi=1$ 时,水蒸气的分压力与含湿量的关系线 $p_v=f(d)$ 是根据 $d=622\dfrac{p_s}{p_b-p_s}$ 确定的。可见,当 p_b=常数时,每给定一个 p_s,就有一个对应的 d 值。

当 $p_b \gg p_v$ 时,p_v 与 d 近似成直线关系,所以图中 d 很小那段的 p_v 为直线。该曲线画在 $\varphi=100\%$ 定相对湿度线的下方,而 p_v 值则标在右边坐标上。

(6)定热湿比线。

如图6-6所示,湿空气从初态点1(h_1,d_1)变化到终态2(h_2,d_2),无论其经历的是何种过程,其过程的焓值变化量为 $\Delta h=h_2-h_1$,而含湿量的变化量 $\Delta d=d_2-d_1$ 均为定值。我们定义这两个变化量的比值称为热湿比,用符号 ε 来表示,即

$$\varepsilon=\frac{\Delta h}{0.001\Delta d} \qquad (6-12)$$

热湿比表征的是湿空气变化过程的特征和进行的方向。由于 Δh 和 Δd 既有正负,又

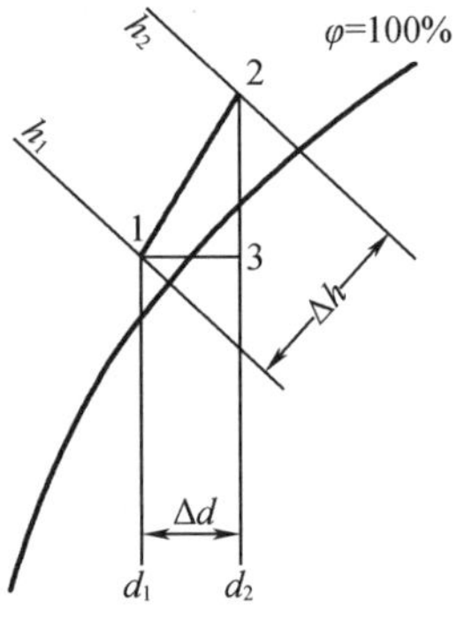

图6-6 求某过程1—2的热湿比值

有零值，所以热湿比 ε 也有正负、零值与无穷大。在图6－5的右下角画有定热湿比线，一系列直线段表示热湿比 ε 的值在 -10 000 ~ 10 000 kJ/kg。需要注意的是，定热湿比线的起点是 $d=0$、$h=0$ 的坐标原点，但为了使其他线条在 $h-d$ 图面上保持清晰，只能把定热湿比线的尾部线段另外画在 $h-d$ 图的右下角。在使用时，要将过程进行平移，如需要查找过程1—2的 ε 值，就要将1—2过程平移到 $h-d$ 图的右下角的定热湿比线图上，与之重合的定热湿比线即为1—2过程的 ε 值。

不同的工况，热湿比也有很大的差异。例如船舶空气调节装置，在冬季工况时，由于舱室的对外放热及舱室内水分的蒸发，由空调送入室内的空气焓值 h 下降，含湿量 d 上升，其热湿比 ε 值一般为 -2 500 左右；而在夏季工况时，由于是外界对舱室加热，同时也有舱室内的水分蒸发，由空调送入室内的空气焓值 h 和含湿量 d 均上升，其热湿比 ε 值一般为 8 000 ~ 16 000。

2. 用 $h-d$ 图确定湿空气的参数

湿空气的 $h-d$ 图与其他的状态参数坐标图一样，图上的一个点可以表示一个确定的湿空气状态。在一定的大气压力下，只要知道湿空气的任意两个独立参数（t、φ、h、d），就可以在湿空气的 $h-d$ 图上确定该状态点，并通过分析过该点的各定值线，确定该点的其他参数。需要注意的是：

（1）湿空气的 $h-d$ 图是在湿空气的总压力一定时绘制的，而且需要再有两个独立参数才可以在 $h-d$ 图上确定其状态。显然，确定湿空气的状态仍然需要三个独立的状态参数。

（2）对于不同的大气压力 p_b，$h-d$ 图也是有所区别的。在工程中应当选择相应或相近的大气压力下的 $h-d$ 图，以减少误差。

三、湿空气的典型热力过程

空气调节装置对空气的加工处理，就是对不同状态的湿空气升温或降温、加湿或除湿的过程。其主要有四个典型过程。

1. 加热过程

湿空气在加热器中的加热过程可视为定压加热过程，在加热过程中由于水蒸气的质量不变，故此过程也是一个定含湿量的过程，如图6－7中过程线1—2所示。在此过程中，由于湿空气的含湿量和压力均未改变，所以湿空气中水蒸气的分压力及露点温度也均保持不变，相对湿度减少，外界对湿空气的加热量均用来增加湿空气的显热，使湿空气的温度升高。这又是一个定潜热过程。

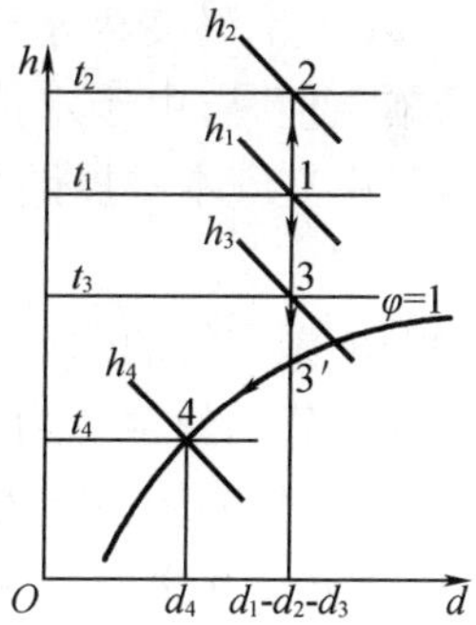

图6－7 湿空气的加热与冷却过程

$(1+0.001d)$ kg 湿空气在定 d 加热过程1—2中吸收的热量为

$$q=h_2-h_1$$

2. 冷却过程

湿空气的冷却过程是在冷却器中进行的，按在冷却过程中是否有液态水析出，可将湿空气的冷却过程分为单纯冷却过程和冷却去湿过程。

(1)单纯冷却过程。

如图 6-7 中过程 1—3′所示即为单纯冷却过程。在此过程中,湿空气冷却后的温度高于其露点温度,故在冷却过程中,湿空气放热、温度下降而含湿量和绝对湿度均保持不变,焓值减少而相对湿度增加。$(1+0.001d)$ kg 湿空气在该过程的放热量为

$$q=\Delta h=h_3-h_1$$

单纯冷却过程在船舶空气调节中也称为干工况。

(2)冷却去湿过程。

如图 6-7 中过程 1—3′—4 所示为冷却去湿过程,3 点温度即为该湿空气所对应的露点温度。在湿空气被冷却到其露点温度前,湿空气处于未饱和状态,其过程 1—3′是单纯冷却过程,湿空气温度、焓值下降,含湿量、绝对湿度不变而相对湿度增加,在 3′点相对湿度增大至 1,湿空气达到饱和状态;继续冷却,将有水蒸气凝结成液态水析出,过程沿 $\varphi=1$ 的定相对湿度线,向含湿量减小的方向进行,及图中的 3′—4 过程,在此过程中,湿空气的相对湿度不变而温度降低,焓值减小。

综上所述,在冷却去湿过程中湿空气温度降低、焓值减小,相对湿度先增大而后保持 $\varphi=1$ 不变。$(1+0.001d)$ kg 湿空气在该过程的放热量为

$$q=\Delta h=h_4-h_1$$

析出的水分为

$$\Delta d=d_4-d_3=d_4-d_1$$

冷却去湿过程是船舶空气调节装置中的冷却干燥过程,也称湿工况。

3. 加湿过程

在冬天对空气进行加热,会导致室内空气的相对湿度降低,从而使人感到干燥,为提高人的舒适感,可对室内空气进行加湿。在船舶空气调节装置中,加湿可分为喷水加湿和喷蒸汽加湿两种方式。

(1)喷水加湿过程。

如图 6-8 所示的 1—2 过程为喷水加湿过程。所谓喷水加湿过程,是指在绝热的条件下向湿空气中喷水,水蒸发后转变为水蒸气进入湿空气,使其含湿量增加。但是,由于水蒸发需要吸收热量,汽化的热量是由空气本身提供的,因而加湿后空气的温度降低。

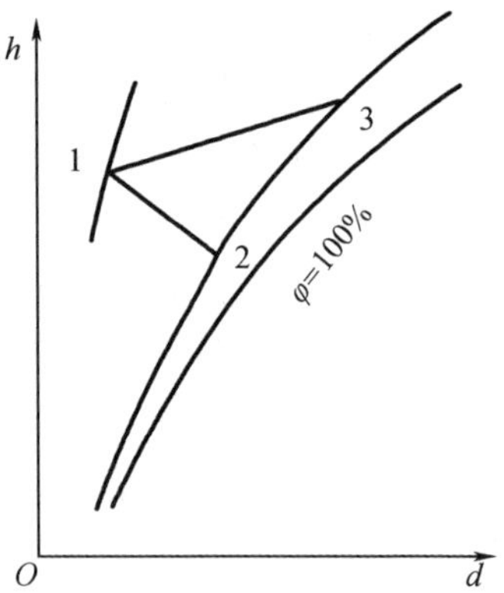

图 6-8　湿空气的加湿过程

若加湿前湿空气的焓值为 h_1、含湿量为 d_1,经过加湿后湿空气的焓值变为 h_2、含湿量变为 d_2,则以 1 kg 干空气为基准,加入水的质量为

$$m_w=0.001(d_2-d_1)\quad \text{kg}$$

随加入的水带进湿空气的焓为

$$h_2-h_1=0.001(d_2-d_1)h_w$$

由于水的比焓 h_w 在低压下较比汽化潜热小很多,以及 $0.001(d_2-d_1)$ 也很小,所以

$$0.001(d_2-d_1)h_w=0$$

即

$$h_2\approx h_1$$

也就是说，在喷水加湿的前后湿空气的焓值基本不变，可视为等焓过程。

(2)喷蒸汽加湿过程。

如图6－8中过程1—3所示为喷蒸汽加湿过程，该过程是将水蒸气直接喷入湿空气中，使湿空气的焓值、含湿量与相对湿度均增大。

若加湿前湿空气的焓值为 h_1、含湿量为 d_1，经过加湿后湿空气的焓值变为 h_2、含湿量变为 d_2，则以1 kg干空气为基准，加入水蒸气的质量可表示为

$$m_v = 0.001(d_2 - d_1) \quad \text{kg} \tag{6-13}$$

随加入的蒸汽带进湿空气的焓值为

$$h_2 - h_1 = 0.001(d_2 - d_1)h_v \tag{6-14}$$

低压下，水蒸气的比焓可写为

$$h_v = 2501 + 1.86t_{in}$$

式中，t_{in}为喷入蒸汽的温度。若喷入蒸汽温度 t_{in}等于原湿空气的干球温度 t，即 $t_{in} = t$，则湿空气的温度保持恒定，过程可视为定温过程。若喷入的蒸汽温度 t_{in}不等于原湿空气的干球温度 t，由于在空气调节装置中，t_{in}不可能太高，因而 $1.86t_{in}$与2 501相比始终很小，对原湿空气的温度影响可以忽略不计。故也可以近似地视为定温过程。

综上所述，喷蒸汽加湿过程在工程上均可按定温过程处理，该过程也是船舶空气调节装置中普遍采用的一种加湿方式。

4. 绝热混合过程

船舶空调装置中通常吸入的是舱室的空气(回风)和外界新鲜空气(新风)的混合气体，进行温度和湿度调节后再送入舱室中。这种由几股不同状态的湿空气混合的过程称为绝热混合过程。

如图6－9所示，设空调装置吸入的新风为状态1(h_1、d_1)，回风为状态2(h_2、d_2)。新风中干空气的质量记为 m_{a1}，回风中干空气的质量记为 m_{a2}，则由质量守恒定律，混合后干空气的质量为

$$m_{a3} = m_{a1} + m_{a2} \tag{6-15}$$

混合后水蒸气的质量为

$$m_{a3}d_3 = m_{a1}d_1 + m_{a2}d_2 \tag{6-16}$$

混合后空气的含湿量及焓值分别为

$$d_3 = \frac{m_{a1}d_1 + m_{a2}d_2}{m_{a1} + m_{a2}} \tag{6-17}$$

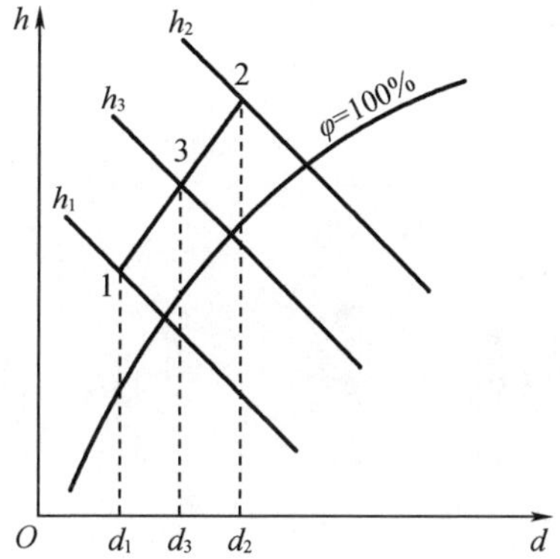

图6－9　确定混合后湿空气的状态点

$$h_3 = \frac{m_{a1}h_1 + m_{a2}h_2}{m_{a1} + m_{a2}} \tag{6-18}$$

根据 d_3 及 h_3 即可在 $h-d$ 图上确定混合后空气的状态点3。

对式(6－15)、式(6－17)及式(6－18)进行简单的数学变换，即可得出下述关系式：

$$\frac{m_{a2}}{m_{a1}} = \frac{d_3 - d_1}{d_2 - d_3} = \frac{1—3(\text{线段})}{2—3(\text{线段})} \tag{6-19}$$

因此，求混合后湿空气的状态参数时，只要把 $h-d$ 图上参与混合的新风状态点与回风

状态点连成直线，再根据回风量与新风量的比值$\frac{m_{a2}}{m_{a1}}$将线段分割成$\left(\frac{m_{a2}}{m_{a1}}+1\right)$份，取离回风状态点 2 距离为 1 份处即为 3 点。回风越大，点 3 越靠近回风状态点 2。

【拓展知识】

例 某船空气调节装置的回风与新风风量之比 $m_{a2}/m_{a1}=3.5$，夏季，新风状态 $t_1=38$ ℃，$\varphi_1=40\%$，室内回风 $t_2=26$ ℃，$\varphi_2=60\%$，求混合后空气的状态参数。

解 查表，可得$d_1=17\ \mathrm{g}_{水蒸气}/\mathrm{kg}_{干空气}$，$h_1=82$ kJ/kg(干空气)

$$d_2=13.5\ \mathrm{g}_{水蒸气}/\mathrm{kg}_{干空气},\ h_2=62\ \mathrm{kJ/kg(干空气)}$$

故有

$$d_3=\frac{m_{a1}d_1+m_{a2}d_2}{m_{a1}+m_{a2}}=\frac{m_{a1}d_1+3.5m_{a1}d_2}{m_{a1}+3.5m_{a1}}=\frac{d_1+3.5d_2}{4.5}=14.3\ \mathrm{g/kg}$$

$$h_3=\frac{m_{a1}h_1+m_{a2}h_2}{m_{a1}+m_{a2}}=\frac{m_{a1}h_1+3.5m_{a1}h_2}{m_{a1}+3.5m_{a1}}=\frac{h_1+3.5h_2}{4.5}=66.4\ \mathrm{kJ/kg}$$

查表，可得 $t_3=29.5$ ℃，$\varphi_3=55\%$。

项目7　传热学简介

学习目标：

1. 了解热传递的三种基本方式；
2. 掌握热传递的基本过程及其特点；
3. 掌握影响热传递的基本因素；
4. 掌握工程中增强与削弱传热的基本方法；
5. 了解船舶及工程中常用的热交换器。

任务1　热量传递的基本过程

【任务描述】

工程热力学和传热学是从两个不同的角度来研究有关热的问题。

工程热力学研究的主要是热能、机械能和其他形式的能之间的转换规律及应用，以及物质的平衡和热平衡之间的关系，如平衡的条件、性质和参数改变等。

传热学是研究由温差而引起的热量传递规律的一门科学。根据热力学第二定律，热量可以自发地由高温物体向低温物体传递，所以只要有温差存在，就有热量传递的发生，就有热量自发地由高温物体传向低温物体，或者由物体的高温部分传向低温部分。

热量由高温物体传向低温物体，共有多少种传热途径？影响传热的因素又有哪些？

【基础知识】

一、热传递的三种基本方式

热传递的现象相当复杂，为了便于分析，我们根据热传递过程中物质运动的特点，将热传递分为三种基本过程，即热传导、热对流和热辐射。

1. 热传导

这种热传递的形式没有宏观相对位移，它是不同温度的物体之间，或同一物体的不同温度的各部分之间，通过分子、原子或自由电子等微观粒子的热运动来传递热量的过程。例如对铜棒的一端进行加热，热量就会逐渐传递到铜棒的另一端，这一传热过程就是一个典型的热传导过程。

2. 热对流

热对流是指流体中温度不同的各部分之间，或温度不同的流体与固体壁面之间，由流体微团的宏观相对位移来传递热量的过程。例如，在对水进行加热时，在底部的水首先被加热，从而导致密度的减小，上浮至水壶的表层，而表层的水则下沉至底部，这种热水上升、冷水下降的过程即为热对流过程。需要指出的是，在热对流过程中，不可避免地会发生冷、热流体的相互接触，因而这一过程往往伴随着热传导过程。

3. 热辐射

当物体的温度高于绝对零度时，物体由于具有一定温度而向外放射辐射能，辐射能通过电磁波向外传播。这种物体将热能转化为辐射能的形式向外放射的现象称为热辐射。

二、热传递的基本过程与特点

在工程实际中的热传递过程是多种多样的，但热量传递有三种基本的热传递过程，即导热过程、对流换热过程和辐射换热过程。实际换热过程可以看作由这三种基本换热过程中的两种或三种过程的组合。

我们定义单位时间内通过截面的导热量 Q 称为导热热流量，单位为 W。通过单位面积 A 的热流量称为热流密度，用 q 表示，单位 W/m^2，有

$$q=\frac{Q}{A}\quad W/m^2 \tag{7-1}$$

1. 导热过程

物体各部分之间不发生相对位移时，由分子、原子或自由电子等微观粒子的热运动而产生的热量传递过程称为导热过程。

只要有温度差，无论固体、液体或气体，都会发生导热现象。同样，在固体与液体、固体与气体及液体与气体的分界面上，也会发生导热现象。但通常在固体中进行的是纯导热的传递，而在有流体参与的导热过程中一般伴随着流体宏观微团的热对流。

(1)物体的导热系数。

导热系数 λ 表明物质导热能力的程度，单位为瓦/米·开(W/(m·K))。不同物质的 λ 值差异很大，以物质的种类来区分，λ 值的大小以金属为最大，非金属固体次之，液体再次之，而气体最小。金属中，纯金属的导热系数又要大于合金。银、纯铜(也称紫铜)、铝和黄铜等导热系数很大，如银可达418 W/(m·K)，黄铜可达116 W/(m·K)，这些金属称为热的良导体。在工程上通常利用黄铜的这一特性来制造传热元件——热交换器芯。而水垢的导热系数只有钢铁的几十分之一，故水垢的存在会影响锅炉、冷却器等设备的使用，要及时清除。玻璃棉、石棉、泡沫塑料等导热系数只有钢的百分之一到千分之一，工程上常用来做热绝缘材料，这种材料也称隔热材料，一般指导热系数 $\lambda<0.23$ W/(m·K)的材料。目前，导热系数最小的材料是哥罗仿气体，其导热系数 λ 仅有0.006 W/(m·K)。

各种物质的 λ 值又都是温度的函数。由于物质的结构、密度和湿度等的不同，有些物质的 λ 值随温度的升高而增大，有些物质的 λ 值随温度的升高而降低。但大多数物质的导热系数随温度的变化符合这一规律，即纯金属的 λ 值随温度的升高而降低，非金属固体的 λ 值随温度升高而增大，液体的 λ 值随温度的升高而降低，气体的 λ 值随温度的升高而增大。需要特别说明的是，水的导热系数 λ 值具有其特殊性，在0~120 ℃范围内，其 λ 值随温度的升高而增大，在120~300 ℃范围内，其 λ 值随温度升高而降低。而对气体而言，当其处于高压状态或接近临界状态时，还要考虑压力对导热系数的影响。

多孔性物质的导热系数 λ 值是固体与空隙内气体的导热系数 λ 值的组合值，因此与其密度 ρ 有关。例如冰的导热系数 λ 值为2.22 W/(m·K)，空气的 λ 值为0.024 W/(m·K)，而密度为50~250 kg/m^3 的雪或霜，其 λ 值仅为0.03~0.175 W/(m·K)。

大多数建筑用材和隔热的热绝缘材料的气隙或小孔是对外开口的，很容易因毛细作用

而吸湿受潮。在小孔中吸有水分后，其导热系数会因水分的质传递方向与导热方向一致的缘故而急剧增大。例如，干燥砖的 λ 值为0.349 W/(m·K)，水的 λ 值为0.58 W/(m·K)，而湿砖的 λ 值为1.05 W/(m·K)，故在工程上要注意对热绝缘材料的防潮处理。

(2)平壁导热。

如图7-1所示的单层平壁，质地均匀，厚度为 δ，导热系数为 λ，两侧温度分别为 t_1 和 t_2，且 $t_1 > t_2$。假设平壁的长度、宽度远大于其厚度，则热量沿壁面的法向方向传导，即温度只随垂直于壁面的 x 轴变化，如温度不随时间变化，则该导热问题属于一维稳定导热，通过壁面的热流量为

$$Q = \frac{\lambda A}{\delta}(t_1 - t_2) = \frac{t_1 - t_2}{\dfrac{\delta}{\lambda A}} \tag{7-2}$$

令 $R_\lambda = \dfrac{\delta}{\lambda A}$，称为整个壁面的导热热阻，单位为℃/W，则与电路的欧姆定律类似，上式可以写为

$$Q = \frac{\Delta t}{R_\lambda} \tag{7-3}$$

式中，$\Delta t = t_1 - t_2$，为平壁两侧的温差。

在工程实际中，保温层往往是由多种不同材料所组成的复合壁。例如冷库的围护结构一般包括建筑材料、保温层和防潮层。这种由若干种不同材料紧密贴合而成的复合平壁称为多层平壁。

如图7-2所示的为由导热系数分别为 λ_1、λ_2、λ_3 的三种不同材料组成的三层平壁，各层厚度分别为 δ_1、δ_2、δ_3，两侧壁面的温度分别为 t_1 和 t_4，假设层与层紧贴在一起，不计层间接触热阻，则其温度变化线为三段直线所组成的折线。

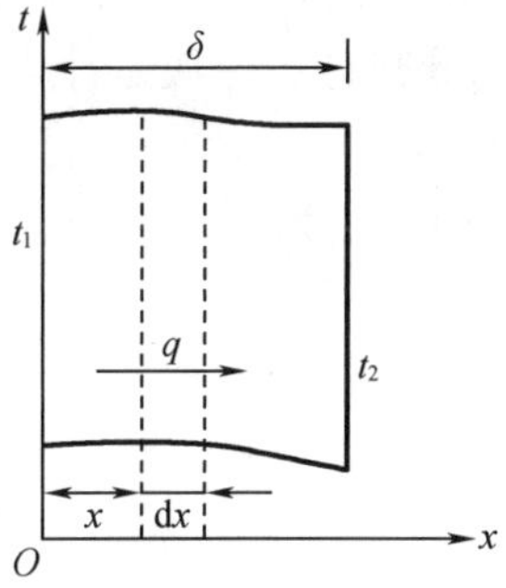

图7-1 单层平壁导热

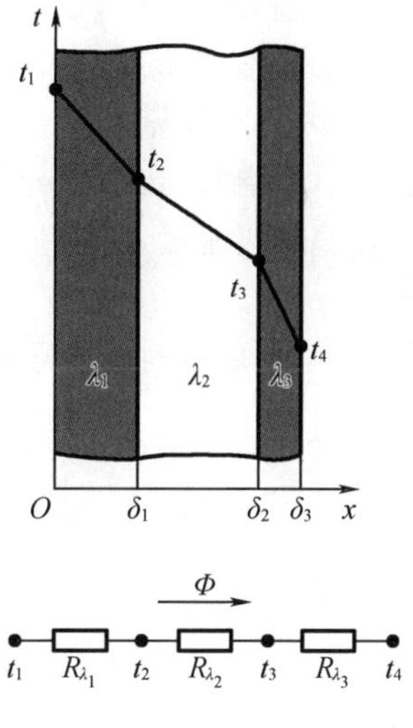

图7-2 多层平壁导热

由式(7-2)可得各层壁面的热流量为

$$Q_1 = \frac{\lambda A}{\delta_1}(t_1 - t_2)$$

$$Q_2=\frac{\lambda A}{\delta_2}(t_2-t_3)$$

$$Q_3=\frac{\lambda A}{\delta_3}(t_3-t_4)$$

移项，可得

$$t_1-t_2=\frac{Q_1\delta_1}{\lambda A}$$

$$t_2-t_3=\frac{Q_2\delta_2}{\lambda A}$$

$$t_3-t_4=\frac{Q_3\delta_3}{\lambda A}$$

由于是稳态工况，故有 $Q_1=Q_2=Q_3=Q$，上述三式相加，可得

$$t_1-t_4=\frac{Q\delta_1}{\lambda A}+\frac{Q\delta_2}{\lambda A}+\frac{Q\delta_3}{\lambda A}$$

即

$$Q=\frac{t_1-t_4}{\dfrac{\delta_1}{\lambda A}+\dfrac{\delta_2}{\lambda A}+\dfrac{\delta_3}{\lambda A}}=\frac{\Delta t}{R_{\lambda_1}+R_{\lambda_2}+R_{\lambda_3}}=\frac{\Delta t}{R_\lambda} \tag{7-4}$$

式中，$R_\lambda=R_{\lambda_1}+R_{\lambda_2}+R_{\lambda_3}=\dfrac{\delta_1}{\lambda A}+\dfrac{\delta_2}{\lambda A}+\dfrac{\delta_3}{\lambda A}$为多层平壁导热总热阻，与串联电路的总电阻等于分电阻之和相类似，多层平壁导热的总热阻亦是各层热阻之和。

(3)圆筒壁导热。

在船舶工作中也常遇到圆筒壁导热问题，例如蒸汽管道的保温问题，实质上就是减少圆筒壁的导热量。已知圆筒壁内、外壁温度分别为 t_1 和 t_2，内外壁半径分别为 r_1 和 r_2（直径为 d_1 和 d_2），壁面材料的导热系数为 λ，则单层圆筒壁的导热量计算如下。

如图7－3所示的为单层圆筒壁的立体图。导热只沿半径方向进行，其等温面均为与圆筒同轴的圆柱面，因此圆筒壁的导热问题是一维导热问题。又因为对于圆筒壁，随半径增大导热面积也在不断增大，在稳定导热时，热流量保持不变，故随半径增大热流密度减小，而单位长度圆筒壁的热流量 q_l 是一个定值，故此圆筒壁的导热计算一般是计算单位长度圆筒壁的热流量。

经理论分析，可得单位时间内通过每米管长圆筒壁的热流量为

$$q_l=\frac{t_1-t_2}{\dfrac{1}{2\pi\lambda}\ln\dfrac{d_2}{d_1}}=\frac{\Delta t}{r_l}\quad \text{W/m} \tag{7-5}$$

设圆筒壁的总长为 L，则总的热流量为

$$Q=q_l\cdot L=\frac{t_1-t_2}{\dfrac{1}{2\pi\lambda L}\ln\dfrac{d_2}{d_1}}=\frac{\Delta t}{R}\quad \text{W} \tag{7-6}$$

式(7－5)和式(7－6)中，$r_l=\dfrac{1}{2\pi\lambda}\ln\dfrac{d_2}{d_1}$为单位长度圆筒壁的导热热阻；

$R_l=\dfrac{1}{2\pi\lambda L}\ln\dfrac{d_2}{d_1}$为 L m 圆筒壁的导热热阻。

与平壁导热类似，在实际工作中，圆筒壁也可由多种材料贴合而成，这种情况称为多层圆筒壁导热。与多层平壁导热相同，多层圆筒壁导热的总热阻等于各层圆筒壁热阻之和。

如图7－4所示的三层圆筒壁，设各层的半径分别为 r_1、r_2、r_3、r_4，各层壁面的温度分别为 t_1、t_2、t_3、t_4，可得多层圆筒壁导热热流量为

$$q_l = \frac{t_1 - t_4}{\frac{1}{2\pi\lambda_1}\ln\frac{d_2}{d_1} + \frac{1}{2\pi\lambda_2}\ln\frac{d_3}{d_2} + \frac{1}{2\pi\lambda_3}\ln\frac{d_4}{d_3}} \quad \text{W/m} \tag{7-7}$$

$$Q = q_l \cdot L \quad \text{W} \tag{7-8}$$

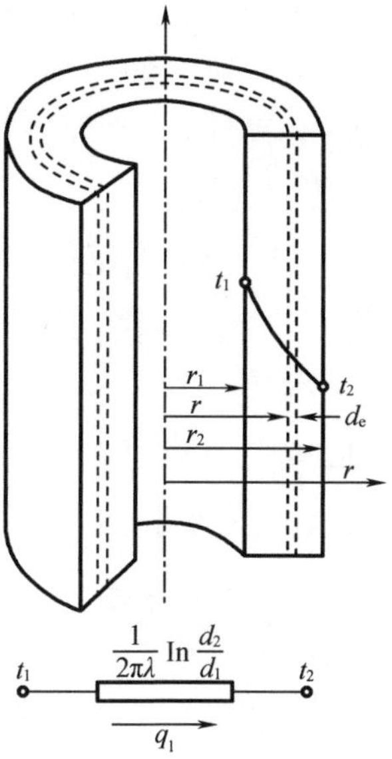

图7－3 单层圆筒壁导热

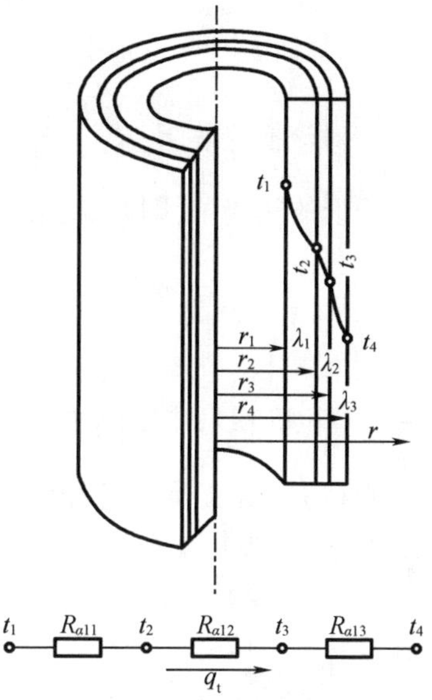

图7－4 多层圆筒壁导热

需要注意的是，对于薄壁圆筒，完全可以展成平壁计算。经验证，当圆筒壁的外径 d_2 与内径 d_2 之比 $\frac{d_2}{d_1} < 2$ 时，若按平壁计算，其误差不超过4%；当 $\frac{d_2}{d_1} < 1.3$ 时，其误差不超过0.5%。对于船舶中常见的管路及气缸的传热，均可按平壁计算。

2. 对流换热过程

对流换热是热对流和热传导两种热传递基本方式同时起作用的一种复杂的热传递过程，例如在船舶机舱中的海淡水热交换器、油水热交换器、造水机等设备中进行的换热过程，就是运动着的流体与固体壁面之间的热传递过程，这些热传递过程是由壁面和流体直接接触的导热及不同流体部分之间由于密度差异而在流体内引起的热对流这两个过程共同组成的对流换热过程。

对流换热的影响因素很多，不仅流体与固体壁面之间的温差、接触面积可影响对流换热量，而且一切与流体流动和固体壁面有关的因素，如流体的物理性质、流体运动产生的原因、流体的运动状态、换热壁面的几何因素、流体流动过程中的相变因素等，均可影响对流换热量。

（1）对流换热公式。

对流换热热流量可用牛顿冷却公式进行计算，即

$$Q = \alpha A(t_w - t_f) \tag{7-9}$$

式中　Q——对流换热的热流量，W；

α——流体和壁面之间的对流换热系数，W/(m^2·K)；

A——换热面积，m^2；

t_w——固体壁面温度，K；

t_w——冷却流体温度，K；

此式也可写成热阻形式，即

$$Q = \frac{t_w - t_f}{\frac{1}{\alpha A}} = \frac{t_w - t_f}{R_\alpha} \tag{7-10}$$

式中　R_α——对流换热热阻，$R_\alpha = \frac{1}{\alpha A}$，单位 K/W。

单位面积上的热流量，即对流换热的热流密度 q 为

$$q = \alpha(t_w - t_f) = \frac{t_w - t_f}{\frac{1}{\alpha}} = \frac{t_w - t_f}{r_\alpha} \tag{7-11}$$

式中　r_α——单位面积对流换热热阻，$r_\alpha = \frac{1}{\alpha}$，单位 m^2·K/W。

需要注意的是，对流换热过程中热对流和热传导的作用相互交织，远比单一的导热过程复杂，牛顿换热公式并没有给出对流换热量与影响因素间的具体关系，因此影响对流换热过程的主要因素，除换热面积和流体与壁面间的温差这两个因素之外，其余各种影响因素都集中在换热系数 α 中。因此，研究对流换热就要分析对流换热系数的各种影响因素及求解对流换热系数的方法。

(2)对流换热系数。

由式(7-11)移项，可得对流换热系数为

$$\alpha = \frac{q}{|t_w - t_f|} = \frac{q}{\Delta t} \quad W/(m^2 \cdot K) \tag{7-12}$$

式中，Δt 为壁面与流体之间温差的绝对值，一般规定 q 恒取正值。

换热系数 α 的物理意义为流体与壁面之间的温差为 1 K 时，通过单位壁面面积在单位时间内的对流换热量。

(3)影响对流换热系数的主要因素。

如前文所述，对流换热系数与多种因素有关，大致可归纳为以下几个方面：

①流体的物理性质：

不同流体有不同的物理性质，即使是同一种流体，由于温度、压力的不同，其物理参数也会发生变化，从而影响对流换热效果，这些影响因素主要为流体的比热 c_p、导热系数 λ、密度 ρ、动力黏度 μ 等。

一般来说，对流换热系数会随比热 c_p、导热系数 λ、密度 ρ 的增大而增大；随动力黏度 μ 的增大而减小。同时，我们用导温系数 $\alpha = \frac{\lambda}{c_p\rho}$ 来表示物体传播温度的能力，它是影响不稳定导热过程的一个重要物理量。

下面我们以水和油的主要物理性质的对比来说明这几个因素的作用：油的密度小于

水，比热约为水的一半，导热系数仅仅只有水的 20%，但其黏度却是水的几倍乃至十几倍，所以在相同的流速、管径等条件下，水的对流换热强度要远远大于油。

②流体运动产生的原因：

按流体运动产生的原因可以将流体的运动分为自然对流和强迫对流两大类。所谓自然对流，是指由于流体冷热各部分间的密度的不同而引起的对流，在这一过程中流体内部不存在整齐的宏观运动；所谓强迫对流是指由水泵、风机等机械设备所产生的外力来迫使流体相对于壁面而产生的运动，在这一过程中，流体内部有整齐的宏观运动。

强迫对流时的对流换热系数要大于自然对流时的对流换热系数。

③流体的流动状态：

流体的流动状态可分为层流、紊流及介于二者之间的过渡状态。所谓层流，是指流体微团均沿平行于壁面的方向流动，各流层间的质点互不混杂，也即没有横向的脉动，因而其在垂直于壁面的方向上只能依靠分子的导热来进行热量的传递；而紊流时，流体微团存在强烈的横向脉动，故沿垂直于壁面的方向上的热传递不仅依靠分子的导热，还依靠流体微团的横向脉动，而且以后者为主，这就使得紊流时的对流换热系数要远远的大于层流。

④流体有无相变发生：

流体在对流换热过程中发生流体性态的变化（由液态转化为气态或由气态转化为液态）时，由于汽化潜热参与了作用，同时蒸汽泡或冷凝而成的水滴的运动破坏了层流的性质，故增强了流动的扰动性，使有相变时对流换热系数远远大于无相变时对流换热的系数。同时，汽化潜热越大的流体，其相变对对流换热系数的影响也就越大。

⑤换热壁面的几何因素：

换热壁面的大小、形状及相对于流体流动方向的位置等均称为壁面的几何因素，这些因素的变化均会使得对流换热系数变化。例如，流体垂直掠过管道时的对流换热系数就要大于流体平行流过管道时的对流换热系数。

3. 辐射换热过程

不同温度的物体之间，以热辐射的形式实现热量交换的现象称为辐射换热。任何温度高于 0 K 的物体，每时每刻都在不断以热辐射的方式向外发射着能量，同时也在吸收外界物体以热辐射的形式向它辐射的能量，但总体来说高温物体放出的热辐射量要大于低温物体，故辐射换热的总效果也是由高温物体向低温物体传热。

(1)热辐射的本质。

物体中的原子内部，处于束缚态的电子从高能态能级向低能态能级跃迁时，使电场发生变化进而引起相应的磁场变化，而磁场的变化又会引起电场的变化。这样，电子跃迁时所释放出的能量就以交替变化的电磁波的形式向四周放射出去，这种能量叫做辐射能。因此，辐射能是原子内部复杂运动的结果，可见只要物体内部的原子还有运动，也即温度高于绝对零度，它便不可避免地会发射出辐射能，物体的温度越高，其发射出的辐射能也就越多。由于电磁波的传播不需要介质，且速度为光速，故热辐射也可不依赖任何介质，以光速在真空中传递热能。

电磁波的波长可以从 10^{-8} μm 到几千米。根据不同波长的电磁波的效应和用途，人们按波长从短到长将之分为宇宙射线、γ 射线、X 射线、紫外线、可见光、红外线和无线电波等，其波长范围如图 7-5 所示，其中热射线的波长主要位于 0.4 ~ 100 μm 的范围内，其中包括可见光（波长 0.4 ~ 0.7 μm）和红外线（波长为 0.7 ~ 25 μm 的近红外线和波长为 25 ~

100 μm 的远红外线）。

需要注意的是，可见光作为电磁波的一种，其直线传播、投射、折射及反射等有关规律同样适用于热射线，但由于波长不同，可见光与一般工程上的热射线在某些情况下会表现出一定的区别，不能混淆。

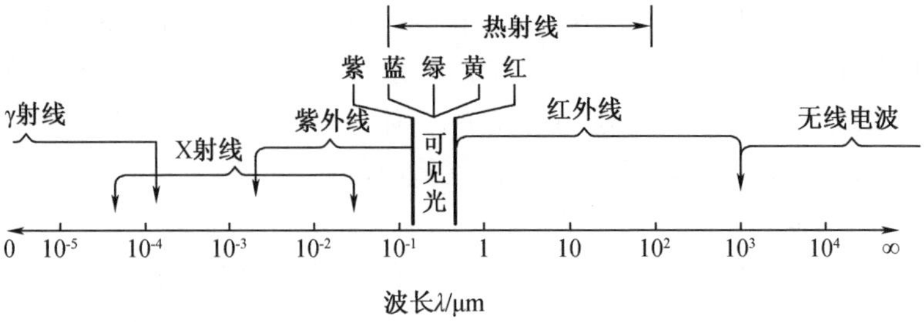

图 7－5　电磁波谱与热射线

（2）物体的吸收率、反射率和穿透率。

当辐射能 Q 投射到一物体表面时，一部分能量 Q_A 被物体吸收，一部分能量 Q_R 被物体反射，其余能量 Q_D 穿透物体，如图 7－6 所示。我们把上述各部分能量与投射到物体表面的总辐射能之比，分别称为物体的吸收率 A、反射率 R 和穿透率 D，即

$$A=\frac{Q_A}{Q},R=\frac{Q_R}{Q},D=\frac{Q_D}{Q}$$

根据能量平衡，可得

$$Q_A+Q_R+Q_D=Q$$

等式两边同除以 Q，可得

$$\frac{Q_A}{Q}+\frac{Q_R}{Q}+\frac{Q_D}{Q}=1$$

即

$$A+R+D=1 \tag{7-13}$$

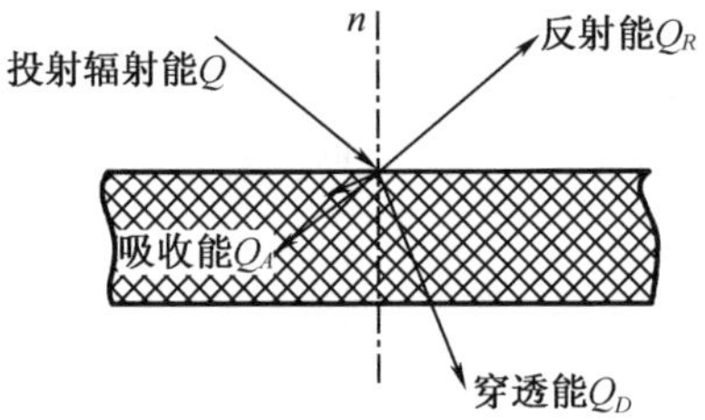

图 7－6　辐射能的吸收、反射和穿透

对一般工程材料而言，A、R、D 的数值都在 0 到 1 之间。如 $A=1$，则 $R=0$，$D=0$，表明所有投射到该物体上的辐射能均被其吸收，我们把这类物体称为绝对黑体，简称黑体；如 $R=1$，则 $A=0$，$D=0$，表明所有投射到该物体上的辐射能均被其反射，我们把这类物体称为绝对白体，简称白体；如 $D=1$，则 $A=0$，$R=0$，表明所有投射到该物体上的辐射能穿透该物体，我们把这类物体称为绝对透明体，简称透明体。

自然界中并没有绝对黑体、绝对白体与绝对透明体，这些概念是为方便研究辐射现象而假定的。实际上，物体的吸收率、反射率和穿透率的数值是由物体的性质、物体的温度和辐射的波长等因素共同决定的。颜色的深浅对可见光的吸收率影响很大，而对红外线的吸收率影响不大，例如对红外线来说，黑漆、白漆与黄漆等吸收率为 0.90～0.95；但对于太阳辐射，由于可见光约占总能量的 50%，故黑漆的吸收率约为 0.96，而白漆的吸收率仅为 0.12～0.16；对红外线来说，影响吸收率的主要因素是表面粗糙度，不管什么颜色，平滑面和磨光面的反射率都要比粗糙面的反射率高好几倍，这是因为红外线射到凹凸不平的表面上会形成多次反射和吸收，从而使总的吸收量 Q_A 增大。

一般而言，气体对辐射能基本不能反射，即 $R=0$，$A+D=1$。而对固体和液体而言，由于当辐射能投射到其表面时，在进入表面很小距离内即被吸收完毕，因此可认定其穿透率 $D=0$，而 $A+R=1$。这说明，凡是善于吸收的物体，就不善于反射；而善于反射的物体，则不善于吸收。

(3)辐射力与单色辐射力。

单位时间内物体每单位表面积所放射出去的从 $\lambda=0$ 到 $\lambda=\infty$ 的一切波长的辐射总能量称为辐射力，用符号 E 表示，单位为 $\mathrm{W/m^2}$。若某物体的表面积为 A，所放射出的能量为 Q，则其辐射力为：$E=\dfrac{Q}{A}$。

在波长为 λ 到 $\lambda+\mathrm{d}\lambda$ 的范围内，物体的辐射力为 $\mathrm{d}E$，$\mathrm{d}E$ 除以该波长增量 $\mathrm{d}\lambda$ 所得的商，称为波长为 λ 时的单色辐射力，用符号 E_λ 表示，单位为 $\mathrm{W/m^3}$，即：$E_\lambda=\dfrac{\mathrm{d}E}{\mathrm{d}\lambda}$。

(4)物体的辐射力。

辐射换热最重要的是确定实际物体的辐射力。我们把实际物体的辐射力 E 与同温度下的黑体的辐射力 E_0 之比定义为黑度，用符号 ε 表示，则有

$$\varepsilon=\frac{E}{E_0} \tag{7-14}$$

物体的黑度表示物体辐射力接近黑体辐射力的程度。黑度与温度、物体表面光洁度和氧化程度等有关。如表面粗糙的物体、被氧化的金属表面会有较大的黑度，常用工程材料的黑度由试验确定，可在有关手册中查出。

如在所有的波长下，物体的单色辐射力 E_λ 与同温度、同波长下黑体单色辐射力 $E_{0,\lambda}$ 之比为定值，则称该物体为灰体，即

$$\frac{E_\lambda}{E_{0,\lambda}}=\varepsilon_\lambda=\text{定值}$$

式中，ε_λ 称为灰体的单色黑度，其值与波长无关，且小于 1。绝大多数工程材料在热射线的范围内都可以视为灰体。

(5)遮热板及其应用。

由于辐射换热是通过电磁波来实现的，因此任何不能透过热射线的薄板都可以有效地削弱辐射换热。这种能减少辐射换热的板称为遮热板。

如图 7－7 所示为在两表面 1、2 之间插入遮热板 3 的示意图。计算表明，在两灰体间插入与灰体黑度相同的遮热板，其辐射换热量将减少一半；若插入 n 块与平行板黑度相同的遮热板，在温度不变的情况下，辐射换热量将变为原来的$\dfrac{1}{n+1}$。

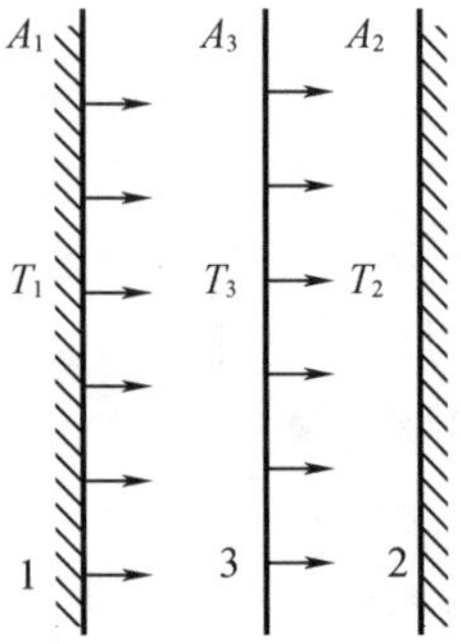

图 7－7　遮热板示意图

遮热板之所以能够减少辐射换热量，是因为对受射体来说，遮热板成为发射体，而 $T_3 < T_1$；发射体与受射体间的温度降落，原来是一次降落的，在加入遮热板后变成多次降落，故减少了传递给受射体的热量。

应用遮热板是工程上削弱辐射换热的有效措施，有着十分广泛的应用。例如在一些高温管道表面包有多层铝箔制成的遮热板，可以减少管道对外的热辐射，提高管道的保温能力。

任务 2　传热的增强与削弱

【任务描述】

在船舶工程技术中，经常遇到的实际传热问题主要分为两大类，一类问题是满足或确定设备所应具有的热传递的速率。例如，对船舶的各种热交换器，要求尽可能在保证换热效果的基础上减小其尺寸和质量，这就要求要设法增大传热效果；而对于船舶冷库，则要设法削弱传热，以减少能耗。另一类问题是确保设备所要求的温度，例如对于船舶柴油机，就要通过淡水冷却的方法，避免其气缸内壁温度过高而导致设备的损坏。

我们可以通过哪些途径来增强或削弱传热？其基本原理又是怎样的？在工程实际中，可以通过哪些结构和设备来实现热量的传递？

【基础知识】

一、传热过程的强化与削弱

传热过程就是指热量由热流体经固体壁面传递给冷流体的过程，在这一过程中，往往包含了两种或两种以上的换热方式。一般我们在这一复合换热过程中，各种换热方式互不干涉，总的换热系数是各基本换热过程单独作用的总和，如一传热过程包括对流换热和辐射换热两种换热方式，则有

$$\alpha = \alpha_{对流} + \alpha_{辐射}$$

如图 7－8 所示为通过平壁的传热示意图。设平壁两侧的面积均为 A，厚度为 δ，导热系数为 λ，平壁两侧的温度分别为 t_{f1} 和 t_{f2}，则通过平壁的热流量 Q 为

$$Q=\frac{t_{f1}-t_{f2}}{\frac{1}{\alpha_1 A}+\frac{\delta}{\lambda A}+\frac{1}{\alpha_2 A}}=kA(t_{f1}-t_{f2}) \tag{7-15}$$

$$\frac{1}{kA}=\frac{1}{\alpha_1 A}+\frac{\delta}{\lambda A}+\frac{1}{\alpha_2 A} \tag{7-16}$$

式中，k 称为传热系数，单位为 W/(m^2 · ℃)，表示冷热介质温差为 1 ℃时，单位时间内通过单位面积所传递的热量。上式表明，传热过程的总热阻等于各环节的热阻之和，这和电流通过串联的总电阻的阻值规律相同。

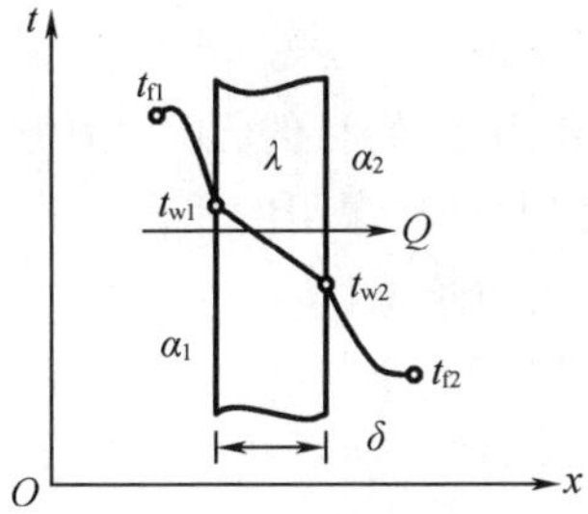

图 7-8　通过平壁的传热示意图

2. 增强传热

在借助热交换器实现热量交换时，为增加换热强度、减少设备体积的同时防止由于热量不能及时交换而损坏设备，一般需要增强传热。

由式(7-15)可以看出，在一般的传热过程中，要增大传热量，就应增大传热系数 k、表面积 A 或传热温差 $t_{f1}-t_{f2}$。

(1)提高传热系数。

传热系数 k 为各环节热阻之和的倒数，故减少每一个环节的热阻都可以减少传热过程的总热阻，从而使传热系数增大，达到增强传热的效果。不同环节的热阻降低对增强传热的效果是不同的。这是因为在传热的若干环节中必然有一个环节热阻最大，要想强化传热，必须要减小这部分的热阻，从而最大可能地提高传热系数。因此，我们应当分析传热过程中的有关热阻，并找出其最大值予以降低。

例如在家用空调的工作过程中，热量的传递是由室内(室外)空气传递给制冷剂，再由制冷剂传递给室外(室内)的空气。在这一过程中，一般来说冷凝器、蒸发器及管道的固体壁面由于采用金属材料，且厚度不大，故导热热阻很小。固体壁面的两侧分别为制冷剂和空气，均构成对流换热，但制冷剂是在压缩机的作用下流动，构成强制对流换热，存在气液转换的相变，而空气则是依靠温差进行自然对流换热，没有相变，由于工质为气体时的换热热阻大于液体换热、自然对流换热的热阻大于强制对流换热、单相对流换热热阻高于有相变的对流换热热阻，故可知要增强家用空调的换热，应加强蒸发器和冷凝器空气侧的换热，在实际应用中，我们一般在这两个设备的空气侧设置风机，以达到强制对流增强换热的目的。

同时，在金属壁面上，如附着有水垢、油垢、烟垢等导热性很低的物质，也会使导热热阻成倍增大而影响传热。如 1 mm 水垢所产生的热阻，相当于 40 mm 厚钢板的热阻，因此在换热器中，要经常清洗壁面并排出不凝结气体，以防结垢影响传热。

(2)增大传热面积。

增大传热面积同样可以增加单位时间内传递的热能,这一方法在热阻较大处应用效果尤为显著。例如在需要散热的表面,增加散热肋片能够有效增大散热面积,同时散热肋片可以增强壁面对流体的扰动,其散热效果要远远高于光滑面。

(3)增加传热温差。

由式(7-15)可知,增大传热温差 $t_{f1}-t_{f2}$ 可以提高换热量。在工程中,我们可以通过增大热流体的温度或降低冷流体温度来达到提高传热温差以增强传热的目的。

3. 削弱传热

在工程上,有许多场合需要尽量减少传热。例如船舶的冷库,就需要加强对设备的保温以达到减少制冷压缩机启停次数、节能的目的,由上文可知,当冷、热流体温度不变时,削弱传热就是要增大传热热阻。工程上对此常用的手段是增加设备外壁保温层,这种用来减少与外界进行热交换的辅助层,称为热绝缘层。

工程上加装热绝缘层,主要有以下几个目的:

(1)节约燃料(从经济性的观点来看,加装热绝缘层的成本,要远远低于不使用热绝缘层而导致的燃料浪费);

(2)满足技术工程条件(例如在船舶冷库中,增加热绝缘层可以减少制冷量的浪费);

(3)改善劳动条件(例如热设备的表面会有热绝缘层,从而使热设备的热绝缘层外表温度小于 50 ℃以满足劳动保护的要求);

在工程上,凡是导热性能低的材料都可以用作热绝缘材料,我们用导热系数 λ 表示材料的导热能力,一般认为,导热系数 λ 的值小于 0.14 W/(m·K)的材料即为热绝缘材料。

根据用途的不同,可以选择不同性能的热绝缘材料。但作为热绝缘材料通常应具有三个基本性能,即导热性能差、具有一定的力学性能、具有一定的防潮和耐高温能力。工程上常用的热绝缘材料包括天然材料(如石棉、云母和软木等)和人工合成材料(如石棉绳、玻璃绒和矿渣棉等)。在选用时,一般高温隔热材料选用石棉、硅石和硅藻土制品作为热绝缘材料;常温和低温隔热材料可选用软木、玻璃纤维、超细玻璃棉和珍珠岩等作为热绝缘材料;在低温且防潮要求较高时,则可选用泡沫树脂和泡沫塑料等作为热绝缘材料。

需要注意的是,在加装热绝缘层时,应注意绝缘层的厚度是否合适。如果是平壁,则随热绝缘层厚度的增加,热阻增大,保温和隔热效果增强。但对于管道等圆筒壁结构,总的传热热阻不一定随热绝缘层的加厚而增大,而是存在一个临界热绝缘直径 d_{cr}。当热绝缘层的外径小于 d_{cr}时,增加热绝缘层的厚度,传热热阻反而会减小,使传热量增加;而当热绝缘层的外径大于 d_{cr}时,增加热绝缘层的厚度,传热热阻则会增大,使传热量减少。例如,对电线而言,外面包裹有一层绝缘层,不但可以起到电绝缘的作用,而且由于电线的直径一般小于临界直径,故这层绝缘层反而会增强传热,使得包有绝缘层的电线的散热能力高于裸露的电线。

在保温技术中,临界热绝缘直径是一个重要的数值,其大小与所选取热绝缘层材料的导热系数大小有关。在管道外壁包裹热绝缘层时,应确保热绝缘层厚度足够大,以便证其隔热作用。

另外,选用热绝缘材料时还应注意其黑度,若在黑度低的裸管上加上黑度高的保温材料(如在白色的管道外加黑色热绝缘层),则会增大热损失。

二、换热器

换热器是一种把热量从热流体传给冷流体的热力设备。

1. 换热器的分类

换热器按照换热方式和结构的不同,可以分为三大类:间壁式、回热式和混合式。

(1)间壁式换热器。

用固体壁面将冷热流体分开,热流体通过固体壁面将热量传给冷流体。间壁式换热器又称为表面式换热器,因其具有结构紧凑、传热效率较高且无泄漏等优点,目前是船舶上应用最为广泛的一种换热器。如空调装置的冷凝器、蒸发器均为间壁式换热器。

(2)回热式换热器。

回热式换热器又称储热式换热器,以冷、热两种流体交替流经固体壁面,固体壁面从热流体中吸热,经过短暂的储存之后在冷流体通过时释放给冷流体,从而完成一个周期的热交换。其应用如发电厂中的回转式空气预热器。

(3)混合式换热器。

冷、热流体直接接触混合,实现热量与质量的双重交换。但由于大多数情况下两种流体不能混合,因此混合式换热器的应用并不广泛。例如发电厂中的冷却水塔,就是一个典型的混合式换热器。

2. 间壁式换热器的种类

在船舶中,冷凝器、燃油加热器、造水蒸发器、空气冷却器及滑油冷却器等都属于间壁式换热器,这些换热器根据不同的分类条件可以有不同的分类方式。

按照换热器的结构形状,间壁式换热器可分为管式和板式两大类。其中管式换热器又可细分为壳管式、套管式和肋片管式;板式换热器又可细分为板翅式、平行板式和螺旋板式。

按照冷、热流体的流动方向不同,间壁式换热器可分为顺流式、逆流式、叉流式和混合流式(杂流式)。其中,顺流式是指冷热流体平行且同向流动(图7-9(a));逆流式是指冷热流体平行且反向流动(图7-9(b));叉流式是指冷热流体的流向相互交叉(图7-9(c));混合流式是指冷热流体包含上述两种或两种以上的流动方式(图7-9(d))。

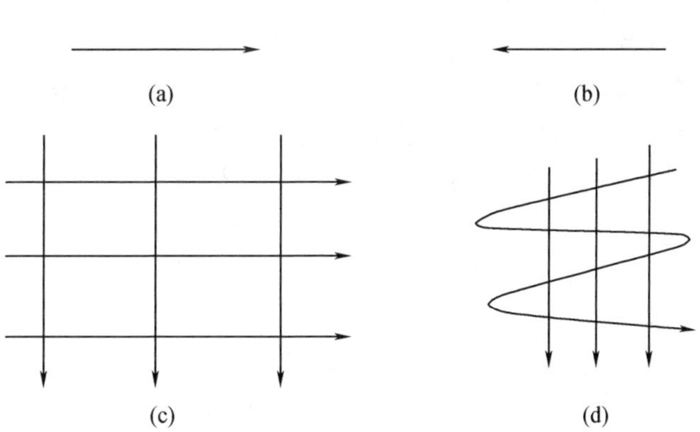

图7-9 流体的流动形式

(a)顺流式;(b)逆流式;(c)叉流式;(d)混合流式

按照管内流体的流程（又称管程），间壁式换热器可分为单流程（流体一次性通过所有换热面，如图 7-10(a)所示）、双流程（换热面积被分成两部分，流体依次流过，形成两次回路，如图 7-10(b)所示）和多流程（换热面积被分成三部分以上，形成多次回路，如图 7-10(c)所示）。

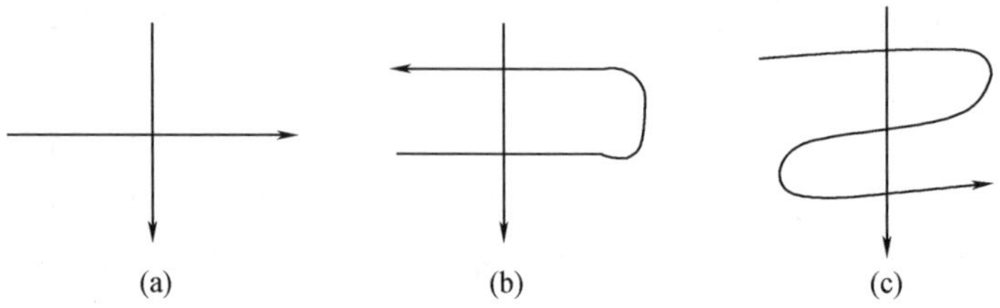

图 7-10　流体的流动形式

3. 间壁式换热器简介

(1)壳管式换热器。

这是最主要的一种间壁式换热器，如图 7-11 所示，其换热面由管束组成，管子两端固定在管板上，然后封闭在一个壳体之中。工作时，一种流体从端盖处进口端的管道流入，经过管道由另一端流出；另一种流体由壳体进口端流入，经由管外（壳内）从出口端流出。为提高传热效果，在壳内常设有挡板以保证管外流体的流向和流速。同时，为提高管内流体的流速以提高换热系数，可在盖板中央设一隔板，这就可使管中流体速度提高一倍，我们把这种结构称为双流程。此外，还有三流程或四流程的热交换器。

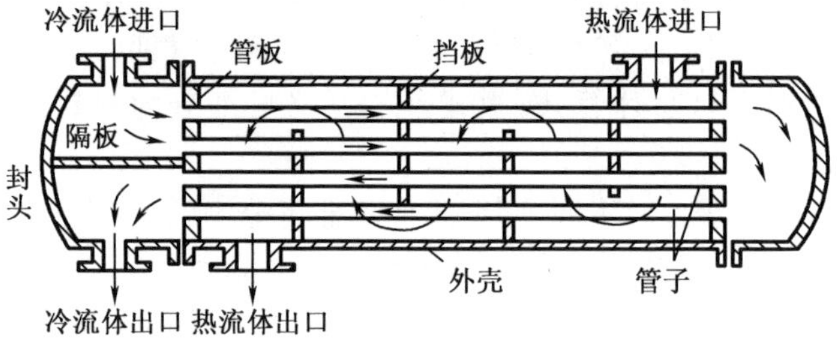

图 7-11　壳管式换热器

(2)肋片管式换热器。

肋片管式换热器主要应用于换热的两种流体换热系数相差悬殊的情况下。例如汽车发动机气缸的冷却水散热器，如图 7-12 所示，1 表示管内由水泵强制流动的液态水，2 表示管外由风扇强制流动的空气，两种流体的流动方式为叉流式。由于空气侧的热阻远大于水侧，故该热交换器采用在空气侧加装肋片的方式以增大换热面积，以提高整个热交换器的换热系数。

(3)套管式换热器。

套管式换热器为最简单的一种换热器，其结构为大管套小管，一种流体从较细的内管中流过，另一种流体从大、小管所形成的夹套中流过，其流动的方向也可分为顺流（图 7-13(a)）和逆流（图 7-13(b)）。这种换热器适用于传热量不大或流体流量不大的情形。如船舶锅炉和柴油机装置的燃油加热器即为该种换热器，加热时，加热用的水蒸气在内管中流动，其凝结换热系数远大于在套管间流动的燃油对内管外侧的换热系数，为增强传热，可将内管设计为在外侧有轴向平肋的特殊机构，以提高传热量。

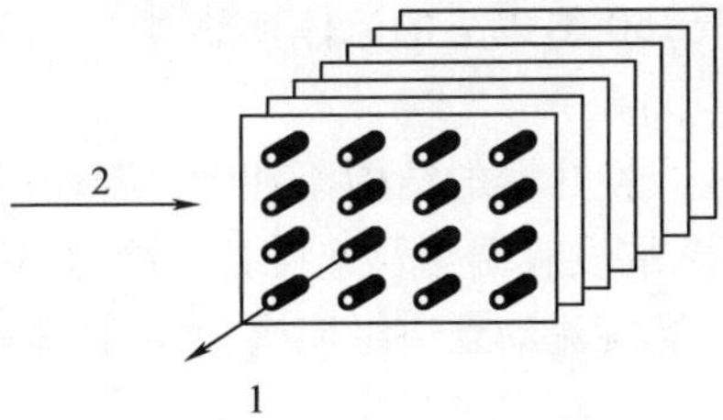

图 7-12 肋片管式换热器

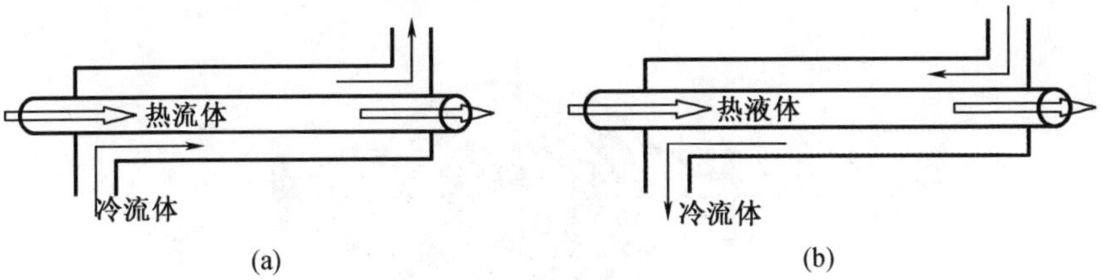

图 7-13 套管式换热器

(a)顺流方向;(b)逆流方向

(4)板翅式换热器。

板翅式热交换器结构如图 7-14 所示。其由翅片、隔板和封条三部分组成，在相邻两隔板之间设置翅片和封条组成一个夹层，称为通道。将这些夹层根据流动方式叠加起来，焊接成为一体，即组成板束。冷热流体交叉流过两隔板之间的通道，互不混合。

在这种换热器中，流体间的热量传递主要通过翅片的导热和翅片与流体间的对流换热来实现，可以通过在翅片上设置特殊结构增加流体在流经通道时的扰动，以降低热阻、增强换热效果。但这种换热器清洗、检修相对困难，故常用于清洁且腐蚀性较低的流体换热。

(5)平行板式换热器。

绝大多数的现代船舶的中央冷却器采用的是平行板式换热器。Alfa-Laval 公司作为船舶板式换热器的技术领先者，设计和研究了钛板换热器，因其可以完全避免海水的腐蚀，在船舶上获得了极为广泛的应用。

如图 7-15 所示为平行板式换热器的解剖图，这种热交换器是由被冲压成的特殊型板互相叠置，并由两个端板压紧而成。型板上开有不同的流体通道，板四角开有通道孔，板片四周和孔道周围装有密封垫片，两种流体在各自的通道内流动，实现热量的交换。

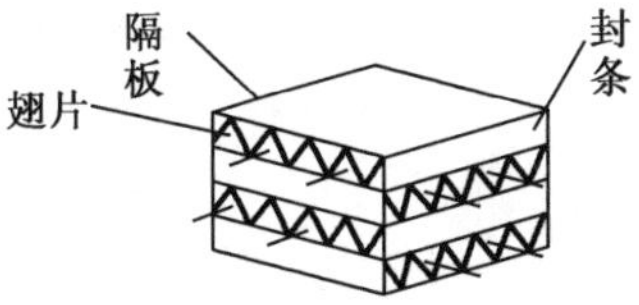

图 7-14 板翅式换热器

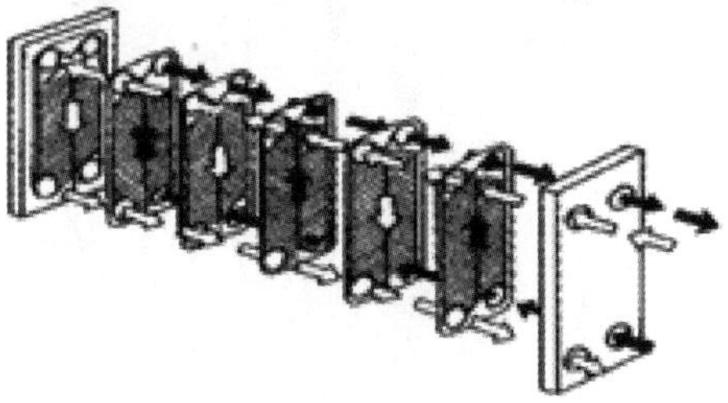

图 7-15 平行板式换热器

这种换热器增大了流体的扰动，进而减小了换热热阻，增大了换热系数，使得整体结构紧凑,体积小,易于拆装和清洗,可以用于含有易结垢物的流体。但由于密封垫片易损坏泄露,且耐高温性差,故只适用于150 ℃以下的流体换热。

(6)螺旋板式换热器。

如图7-16所示为螺旋板式换热器的结构原理图,该换热器由两张平行的金属板卷制而成两个螺旋通道,并在上下两端设有端盖及连接管。冷、热流体分别在螺旋通道中流动,如图所示,流体1由中心流入,螺旋流动至边缘流出;而流体2则自四周流入,螺旋流至中心后流出,并实现热量的交换。

这种换热器换热效果好,单位体积内的换热面积可达壳管式换热器的3倍,且污垢的形成速度慢,大约只有壳管式换热器的1/10。但清洗与检修困难,且承压能力差是其显著的缺点。

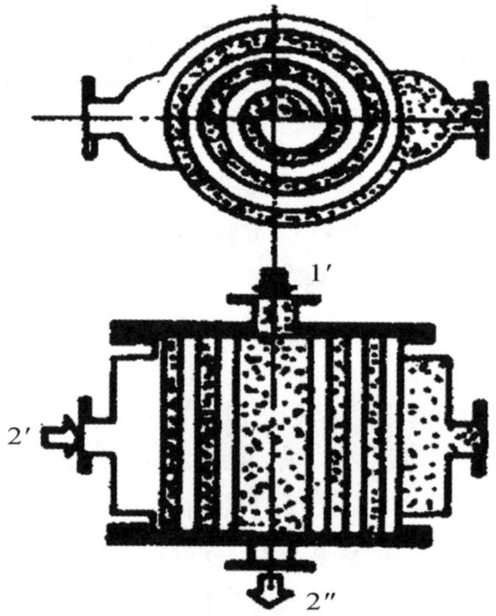

图7-6　螺旋板式换热器

参考文献

[1] 岳丹婷. 工程热力学和传热学[M]. 大连:大连海事大学出版社,2002.
[2] 沈维道,童钧耕. 工程热力学 [M]. 4 版. 北京:高等教育出版社,2007.
[3] 陈爱玲. 工程热力学和传热学[M]. 2 版. 大连:大连海事大学出版社,2016.
[4] 王斌. 轮机热工基础[M]. 大连:大连海事大学出版社,2015.
[5] 中国海事服务中心. 船舶辅机[M]. 大连:大连海事大学出版社,2009.